普通高等教育“十三五”规划教材

公安院校交通管理工程实训(验)教学丛书

道路交通事故处理实训教程

四川警察学院　组织编写

郭忠银　石臣鹏　主编

李英娟　唐剑军　主审

科学出版社

北　京

内 容 简 介

本书全面、系统地阐释了道路交通事故处理实训教学的内容、知识、能力、法律依据及方法步骤，内容包括交通事故接处警、现场处置、现场痕迹物证勘验、现场图的绘制、现场照相与摄像、询问与讯问、交通事故认定以及交通事故损害赔偿调解等。

本书可作为公安院校交通管理工程专业实训教材，也可供从事道路交通事故处理工作的交通警察、其他与交通事故处理有关行业的专业人员参考。

图书在版编目(CIP)数据

道路交通事故处理实训教程/郭忠银，石臣鹏主编. —北京：科学出版社，2017.12

普通高等教育“十三五”规划教材·公安院校交通管理工程实训(验)教学丛书

ISBN 978-7-03-055830-5

Ⅰ. ①道… Ⅱ. ①郭… ②石… Ⅲ. ①公路运输–交通运输事故–事故处理–高等学校–教材 Ⅳ. ①U491.31

中国版本图书馆 CIP 数据核字(2017)第 300361 号

责任编辑：余 江 张丽花/责任校对：郭瑞芝

责任印制：吴兆东/封面设计：迷底书装

科学出版社出版

北京东黄城根北街 16 号

邮政编码：100717

http://www.sciencep.com

北京虎彩文化传播有限公司印刷

科学出版社发行 各地新华书店经销

*

2017 年 12 月第 一 版 开本：787×1092 1/16

2021 年 8 月第四次印刷 印张：13 1/2

字数：320 000

定价：49.80 元

(如有印装质量问题，我社负责调换)

丛 书 序

交通管理工程(Traffic Management Engineering)是工学门类公安技术一级学科下设置的公安类国家控制布点的特设本科专业，交通管理是高职高专公安类专科专业。交通管理工程以道路交通系统为研究对象，以交通组织与控制、交通安全执法、交通事故处理与预防和车辆与驾驶人管理等方面的工程技术方法为重点研究领域，结合公安交通管理的实际应用，开展人才培养、理论研究、技术研发、成果推广和服务实战。

公安院校交通管理(工程)专业的人才培养坚持“教、学、练、战一体化”的模式。为了更好地满足应用型交通管理工程技术人才培养的要求、培养适应公安交通管理岗位需求的预备警官，公安院校交通管理专业亟需一套与部颁规划教材配套的实训(验)指导丛书，将其作为实训实验教学教材，指导专业实训实验教学的开展。在第三届全国公安院校道路交通管理学术年会成果的基础上，依托四川警察学院交通管理工程专业获得的“公安部公安高等教育重点培育专业(本科)”“省级卓越工程师教育培养计划”等专业建设项目的资助经费，四川警察学院召集全国省(市)属公安院校交通管理(工程)专业的骨干教师和实战专家，组成教材编审委员会，在全国公安院校交通管理(工程)专业师资中，遴选了实验实训教学经验丰富的骨干教师，合作编写了本套教材。全套教材共分四册，分别是《交通警察执勤执法实训教程》、《车辆与驾驶人管理实训教程》、《道路交通事故处理实训教程》和《道路交通组织优化实训教程》。

本套教材的编审委员会于2017年1月在贵阳召开大纲审定会，原则上通过四本教材的名称、大纲、形式、体例、参编人员等主要事项，决定由四川警察学院聘请公安交通管理领域的资深教授和实战专家组成教材审核组，全面负责本套教材的内容审定，并确定了每本教材的主审教授。教材编写组和教材审核组共同组成教材编审委员会，确定采用主编负责制、审核组评审制和主审终审制等一系列制度保证教材的质量，有序推进教材编写工作。

本套教材是在四川警察学院的统一组织下，分组集体编写、集体评审，主编和主审共同审核形成的。它是公安院校交通管理(工程)专业的实训实验用书，也是公安交警培训、自学的指导用书。教材坚持与实战相结合，深入基层、贴近一线，在充分吸纳教学科研成果和交通管理实践经验的基础上编写而成。教材在内容上突出实训实验教学的特点，采用项目制编写，注重教学情景设计、实践教学考核与评价、强化训练目标达成的保障性设计，在公安交通高等教育实验教学史上具有原创性。经过组织者、编审者、出版者的共同努力，希望本套教材对交通管理（工程）专业的人才培养、民警培训等起到推进作用，也为培养高素质、高水平的应用型人才发挥更大作用。

公安院校交通管理工程实训（验）教学丛书编审委员会

2017 年 3 月

前　言

道路交通事故是以汽车为主体的道路交通发展的伴生物，给人类社会造成了严重的人员伤亡和财产损失。对业已发生的道路交通事故依法进行客观、公正的调查处理，是公安机关交通管理部门的神圣职责。如何更有效地提高交通管理工程专业学生及基层交通警察的事故办案水平和办案能力，确保办案质量，迫在眉睫，任重道远。

按照公安部党委“科技强警”战略部署，紧密结合“教、学、练、战一体化”的人才培养模式改革，由四川警察学院承办的第三届全国公安院校道路交通管理学术年会组委会决定组织编写交通管理工程专业实训(验)教材。本教材的编写出版就是在此背景下诞生的，本教材是四川警察学院交通管理工程专业“省级卓越工程师教育培养计划”试点项目的一部分，是由四川警察学院牵头，在吉林警察学院、山东警察学院、浙江警察学院、云南警官学院、福建警察学院、河南警察学院、甘肃警察职业学院、重庆警察学院、江苏警官学院、北京警察学院、湖南警察学院、贵州警察学院、上海公安学院等单位的大力支持下，历时一年多艰苦努力下完成的。

本教材突出执法特色，在编写的过程中引用了最新的交通事故处理相关法律法规，尤其是引用了《道路交通事故处理程序规定》《交通警察道路值勤执法工作规范》等公安部最新发布行政规章的相关内容。本教材突出实战教学，在内容的选取上尽可能地贴近道路交通事故处理工作的实际，强化实践教学的环节和步骤，在编写过程中注重与公安业务部门密切配合，努力实现构建“教、学、练、战一体化”的教学模式。本教材在内容上力求阐述道路交通事故处理的基础知识、基本理论、基本框架和发展前沿，以简驭繁，注重简约性、应用性、现实性，舍弃脱离工作实际、脱离现场情景的不必要内容。在编排上精选图片、图表、样例等，既能形象直观、生动有趣地呈现内容，又便于学生阅读和理解。本教材突出前沿性原则，随着交通运输业的快速发展，教材内容不仅要适应现实需要，还要引领道路交通事故处理发展的方向，介绍交通事故处理的新技术、新成果。突出技术引领，深入浅出，通俗易懂，既能供交通管理工程专业高校师生学习使用，也能为基层公安交通管理民警提供参考。

本教材由郭忠银、石臣鹏任主编，管满泉、徐永红、黎晓龙、杨降勇、卢勇任副主编，李英娟、唐剑军任主审，全国 14 家公安高等院校的 17 名同志参与编写。本教材共分为 14 个实训项目。其中前言由山东警察学院郭忠银编写；实训项目一由甘肃警察职业学院徐永红编写；实训项目二由云南警官学院杨仕东编写；实训项目三由福建警察学院刘韵编写；实训项目四由河南警察学院郝正君编写；实训项目五由浙江警察学院黎晓龙编写；实训项目六由重庆警察学院丁久辉编写；实训项目七由四川警察学院蓝岚、石臣鹏编写；实训项目八由上海公安学院徐岑编写；实训项目九由江苏警官学院闪乐编写；实训项目十由浙江警察学院管满泉编写；实训项目十一由北京警察学院张昕编写；实训项目十二由湖南警察学院杨降勇、王在保编写；实训项目十三由贵州警察学院卢勇编写；

实训项目十四由吉林警察学院初凯编写。

需要说明的是，新的《道路交通事故处理程序规定》（简称《规定》）将于2018年5月1日实施，虽然新的《规定》没有正式实施，但是教材的内容是按照新《规定》编写的；其他几个规章尚未确定，则按照原来标准编写，待新规章正式出台之后再进行修订。

本教材在撰写过程中参考了有关专业资料，汲取了道路交通事故处理方面的最新成果，在此向有关作者表示诚挚的感谢！同时，也要感谢四川警察学院、山东警察学院、浙江警察学院等全国14家公安高等院校给予的大力支持和帮助。

由于水平有限，时间仓促，疏漏之处在所难免，欢迎广大读者批评指正。

《道路交通事故处理实训教程》编写组

2017年6月

目　　录

实训项目一　道路交通事故接警与处警

一、实训目的

（一）知识方面

巩固课堂所学的交通事故现场接警与处警方法。

（二）能力方面

巩固、消化对理论知识的运用；具备道路交通事故现场接警与处警的能力，特别是语言能力的运用技巧，民警用语可以参照公安部《交通事故民警规范执法用语 100 句》；具备制作事故现场接警与处警的基本操作技能。

（三）素质方面

提高学生的动手能力、学习兴趣，培养学生严肃认真、实事求是的科学态度和严谨的工作作风及勇于探索的求实精神。

二、道路交通事故接警与处警导引

道路交通事故接警与处警记录是指运用视频图像、文字记录方法，记录道路交通事故现场接警与处警情况或者描述事故发生过程的文字材料，是调查和处理道路交通事故的重要证据和记录、分析手段。

（一）道路交通事故接警记录

根据《道路交通事故处理程序规定》和《道路交通事故处理工作规范》的规定，指挥中心接到道路交通事故报警的，应当受理，制作“受案登记表”，询问及记录内容如下：

(1) 报警方式、时间，报警人姓名、联系方式，电话报警的，还应当记录报警电话；

(2) 发生或者发现道路交通事故的时间、地点；

(3) 人员伤亡情况；

(4) 车辆类型、车辆号牌号码，是否载有危险物品以及危险物品的种类、是否发生泄漏等；

(5) 涉嫌交通肇事逃逸的，还应当询问并记录肇事车辆的车型、颜色、特征及速度方向、逃逸驾驶人的体貌特征等有关情况。

报警人不报姓名的，应当记录在案。报警人不愿意公开姓名的，应当为其保密。

（二）道路交通事故处警特别事故报告

1. 交通警察如果遇到下列情况，应根据情况进行以下处理：

(1) 需要使用一般程序处理的，通知事故处理岗位民警和相关单位救援人员、车辆赶赴现场，并调派足够警力赶赴现场协助救援和维持秩序；

(2) 属于上报范围的，立即报告上一级公安机关交通管理部门，并通过本级公安机关报告当地人民政府；

(3) 需要堵截、查缉交通肇事逃逸车辆的，通知相关路段执勤民警或者通报相邻的公安机关交通管理部门布控、协查；

(4) 运载爆炸物品、易燃易爆化学物品以及毒害性、放射性、腐蚀性、传染病病原体等危险物品的车辆发生事故的，立即通过本级公安机关报告当地人民政府，通报有关部门及时赶赴事故现场；

(5) 营运车辆发生人员死亡事故的，通知当地人民政府有关行政管理部门；

(6) 造成道路、供电、通信等设施损毁的，通报有关部门及时处理。

涉及群死群伤道路交通事故、载运危险品车辆交通事故、恶劣天气条件下交通事故、自然灾害造成的交通事故和交通肇事逃逸案件等应急处置范围的，指挥中心应当立即报告公安机关交通管理部门负责人，并启动相应的应急处置机制。

2. 发生下列道路交通事故，公安机关交通管理部门应当立即通过本级公安机关报告当地人民政府，并逐级上报省级公安机关交通管理部门：

(1) 一次死亡三人以上道路交通事故的；

(2) 运载危险物品的车辆发生泄漏、爆炸、燃烧等道路交通事故的；

(3) 发生外国人及港澳台人员死亡或者造成3名以上外国人及港澳台人员受伤的道路交通事故的；

(4) 高速公路上发生五辆以上机动车连环相撞或者同向 1km 以内发生 3 起以上多车相撞的道路交通事故的；

(5) 公安民警因道路交通事故死亡或者公安民警交通肇事造成他人死亡的。

3. 发生下列道路交通事故，公安机关交通管理部门应当立即将道路交通事故基本情况逐级上报公安部交通管理局：

(1) 一次死亡五人以上道路交通事故的；

(2) 发生危险化学品泄漏、爆炸、燃烧的道路交通事故且造成严重后果的；

(3) 发生外国人及港澳台人员死亡或者造成3名以上外国人及港澳台人员重伤的道路交通事故的；

(4) 高速公路上发生十辆以上机动车连环相撞或者同向 1km 以内发生 5 起多车相撞的道路交通事故的；

(5) 交通民警在工作期间因道路交通事故死亡的。

(三) 道路交通事故处警记录

指挥中心处置道路交通事故警情时，应当记录下列内容：

(1) 处警指令发出的时间；

(2) 接受处警指令的人员姓名；

(3) 处警指令的内容；

(4) 通知联动单位的时间；
(5) 向单位领导或上级部门报告的时间、方式；
(6) 处警人员到达现场及现场处置结束后，向指挥中心报告的时间及内容。

(四) 处理事后报警

1.《道路交通事故处理程序规定》规定：发生道路交通事故后当事人未报警，在事故现场撤除后，当事人又报警请求公安机关交通管理部门处理的，公安机关交通管理部门应当按照本规定第十六条规定的记录内容予以记录，并在三日内作出是否接受案件的决定。经核查道路交通事故事实存在的，公安机关交通管理部门应当受理，制作受案登记表；经核查无法证明道路交通事故事实存在，或者不属于公安机关交通管理部门管辖的，应当书面告知当事人，并说明理由。

2. 交警工作遵循《公安机关办理行政案件程序规定》第一百三十条规定：违反治安管理行为在六个月内没有被公安机关发现，其他违法行为在二年内没有被公安机关发现的，不再给予行政处罚。前款规定的期限，从违法行为发生之日起计算，违法行为有连续或者继续状态的，从行为终了之日起计算。被侵害人在违法行为追究时效内向公安机关控告，公安机关应当受理而不受理的，不受本条第一款追究时效的限制。

三、实训内容与要求

(一) 实训内容

实训道路交通事故接警与处警情境设定；对模拟的不同道路交通事故现场进行接警与处警处置，制作出交通事故现场接警与处警记录——单幅双向通行交通事故处理模拟演练。

把一个区队五十名同学分为五组，每组十人。

(1) 假设城市主干道事故为一起造成一人当场死亡、一人受伤的逃逸事故，受伤人员现场报警，指挥中心接警员在接警台接警；分组分角色扮演，模拟情境，拍摄视频记录过程。

(2) 假设高速公路事故为一起造成十人当场死亡、十人受伤的道路交通事故，受伤人员现场报警，指挥中心接警员在接警台接警；分组分角色扮演，模拟情境，拍摄视频记录过程。

(3) 假设运载爆炸物品、易燃易爆化学物品以及毒害性、放射性、腐蚀性、传染病病原体等危险物品的车辆发生事故，群众现场报警，指挥中心接警员在接警台接警；分组分角色扮演，模拟情境，拍摄视频记录过程。

(4) 假设恶劣天气条件下的交通事故为造成两人当场死亡、一人受伤的逃逸事故，受伤人员现场报警，指挥中心接警员在接警台接警；分组分角色扮演，模拟情境，拍摄视频记录过程。

(5) 假设供电、通信等设施损毁的事故，受伤人员现场报警，指挥中心接警员在接警台接警；分组分角色扮演，模拟情境，拍摄视频记录过程。

（二）实训要求

(1) 书写一份指挥中心接警员完成该起交通事故接警与处警工作的详细步骤。

(2) 分组分角色扮演，模拟情境，拍摄视频记录过程。

(3) 注意知识、语言技巧技能运用，体会接警与处警工作岗位对工作人员的素质要求。

(4) 掌握交通事故处理办案系统使用方法(填报信息、制作打印文书)。

四、实训场地与器材

实训场地：道路交通事故实训场(或教室)。

实训器材：执法记录仪十个，各式玩具车辆十辆(警车两辆、吊车一辆、其他车辆七辆)、接警电话、交通事故报警登记表、笔等。

五、实训步骤和方法

（一）实训准备

1. 实训情境设定

时间： 20××年××月××日上午(下午)×时×分

地点： 国道××线××km+××m

交通事故概况： 根据情况选择设置肇事逃逸，群死群伤，危化品车辆事故，恶劣天气条件下交通事故，供电、通信等设施损毁的事故等模拟现场。

2. 布置模拟事故现场

实训教师在实训场布置交通事故模拟现场，布置模拟现场应注意保证相关的交通元素齐全，基本符合事故发生规律。如指挥中心、现场救护组、路警一、路警二、标志标线和相关物体等。

（二）实训组织安排

1. 分组安排

全区队 48 名学生分为 6 组，每组 8 名学生，对学生进行分工，分别扮演：值班交警；事故驾驶人；路警联合指挥中心值班领导；医疗急救点；路警 1 号巡逻车；路警 2 号巡逻车；抢险救援队值班领导等角色。同时安排一名学生负责进行记录，填写道路交通事故现场接警与处警记录单，制作交通事故报警登记表。

2. 交通事故报警登记表的填写

①事故地点；②事故报案人身份；③事故发生时间；④事故形态；⑤案件性质。

（三）教师点评

(1) 主讲教师和辅助教师在学生进行现场实训过程中，及时发现、纠正在现场接警与处警过程中存在的问题。

(2)在实训结束后，每组学生进行总结汇报，其他学生进行补充和纠正，最后授课教师对各组实训情况进行点评。

六、典型实训情境操作步骤示例

1. 实训情境设定

时间：20××年××月××日上午(下午)×时×分

地点：国道××线××km+××m

交通事故概况：一辆车牌号为皖F143××的大型货车与一辆车牌号为豫M166××的大型货车在连霍高速 K808+550(北半幅)处发生追尾事故，一人受重伤被困车内，事故车辆横向停放，造成北半幅交通堵塞。

2. 实训教师在实训场布置交通事故模拟现场，布置模拟现场应注意保证相关的交通元素齐全，基本符合事故发生规律。

布置模拟事故现场——单幅双向通行交通事故处理模拟演练

时间：20××年××月××日下午×时×分

地点：连霍高速公路K808+550(北半幅)

事件：现场情况是两车追尾，一人重伤，交通堵塞。

场景一(接警)

(电话铃声响。)

值班员：“您好！三门峡路警联合指挥中心，有什么需要帮助请讲？”

驾驶人：“我在你们路上出事故了，我们车上有一个人受伤了，你们赶快过来吧。”

值班员：“请讲一下您的具体位置？”

驾驶人：“我从三门峡西上道，往郑州去，刚过了三门峡东收费站一两公里。”

值班员：“请问您驾驶的是什么车辆？”

驾驶人：“我开的是一辆车牌号为皖F143××解放牌卡车。”

值班员：“请问事故是怎么发生的？”

驾驶人：“我正开着车，前面一辆车牌号为豫M166××的东风牌卡车突然刹车，我没来得及刹车，跟他们撞上了。”

值班员：“请问目前人员情况如何？”

驾驶人：“我们车上有一个人受伤了，卡到车里面出不来了，他们车上人都没有事。”

值班员：“请问你们车上是否运载有危险品？”

驾驶人：“我车上运的是钢材，他们运的好像是机械设备，没有危险品。”

值班员：“请问目前现场情况是怎么样的？”

驾驶人：“他们的车撞在中央护栏上了，我们的车在他们后面，现在路已经完全堵死了，后面的车都被堵住了。”

值班员：“请打开您的双闪提示灯，并在车辆后方150m处摆放警示标志牌，通知两辆车上所有人员站在钢板护栏外，不要随意走动，注意人身安全，我们马上赶到，有什么其他情况请及时与我们联系。”

(驾驶人在车辆后方摆放警示标志牌后，车上所有人员站在钢板护栏外等候。)

场景二(急救车出警)

值班员:“医疗急救点,医疗急救点,收到请回答!”

医疗急救点:“医疗急救点收到,请讲!”

值班员:“连霍高速公路 K808+550(北半幅)附近两辆大货车发生追尾事故,一人受伤被困车内,请立即前往救援。”

医疗急救点:“医疗急救点收到!”

(急救车赶赴现场。)

场景三(巡逻车出警)

值班员:“路警 1 号,路警 2 号,收到请回答!”

路警 1 号巡逻车:“路警 1 号收到,请讲!”

路警 2 号巡逻车:“路警 2 号收到,请讲!”

值班员:“连霍高速公路 K808+550(北半幅)附近一辆车牌号为皖 F143××的大型货车与一辆车牌号为豫 M166××的大型货车发生追尾事故,车内一人受伤被困,事故车辆横向停放,造成北半幅交通堵塞,请立即前往疏导交通。”

路警 1 号巡逻车:“路警 1 号收到!”

路警 2 号巡逻车:“路警 2 号收到!”

(巡逻车抵达现场,高速交警指挥车辆靠边停车,路政人员设置安全区。)

场景四(报告事故现场情况)

路警 1 号巡逻车:“指挥中心,指挥中心,收到请回答!”

值班员:“指挥中心收到,请讲!”

路警 1 号巡逻车:“该事故发生在连霍高速公路 K808+550(北半幅),该事故造成北半幅道路完全堵塞,后方滞留车辆约 1km,事故车辆严重损坏,需使用大型清障设备,预计事故处理时间将超过 2 小时,建议实施单幅双向通行,汇报完毕!”

值班员:“指挥中心收到,请维持现场秩序,避免二次事故发生。”

路警 1 号巡逻车:“路警 1 号收到!”

场景五(上报值班领导)

值班员:“值班领导,连霍高速公路 K808+550(北半幅)处两辆大货车发生追尾事故,目前北半幅道路完全堵塞,后方滞留车辆约 1km,预计 2 小时内无法恢复通行,建议实施单幅双向通行,报告完毕,请指示!”

值班领导:“将事故情况上报省路警联合指挥中心,通知抢险救援队按单幅双向通行保通方案执行,在沿线可变情报板上适时发布路况信息。”

值班员:“是。”

场景六(上报省路警联合指挥中心)

值班员:“您好,我是周口路警联合指挥中心,×时×分连霍高速公路 K808+550(北半幅)处两辆大货车发生追尾事故,目前北半幅道路完全堵塞,后方滞留车辆约 1km,预计 2 小时内无法恢复通行,建议实施单幅双向通行,请指示。”

省路警联合指挥中心:“按单幅双向通行保通方案执行。”

值班员:“是。”

场景七(急救车驶离现场)

(急救人员将伤者抬出，并进行简单包扎。)

医疗急救点："指挥中心，指挥中心，收到请回答！"

值班员："指挥中心收到，请讲！"

医疗急救点："该事故造成一人重伤，伤势严重，需立即送往医院，汇报完毕！"

值班员："指挥中心收到，请将伤员立即送往就近医院接受救治。"

医疗急救点："医疗急救点收到！"

(急救车带伤者和事故车驾驶人共同驶离现场。)

场景八(通知抢险救援队)

值班员："抢险救援队，抢险救援队，收到请回答！"

抢险救援队值班领导："抢险救援队收到，请讲！"

值班员："接省路警联合指挥中心指令，对连霍高速公路 K808+550(北半幅)处交通事故启动单幅双向通行保通方案。"

抢险救援队值班领导："抢险救援队收到！"

场景九(事故勘验完毕)

路警1号巡逻车："指挥中心，指挥中心，收到请回答！"

值班员："指挥中心收到，请讲！"

路警1号巡逻车："连霍高速公路 K808+550(北半幅)处交通事故已勘验完毕，可以实施清障，汇报完毕！"

值班员："请维持现场秩序，事故处理完毕后开始正常巡逻。"

路警联合巡逻车："是。"

场景十(实施单幅双向通行)

抢险救援队值班领导："指挥中心，指挥中心，收到请回答!"

值班员："指挥中心收到，请讲!"

抢险救援队值班领导："抢险救援队全部保通车辆已到达指定位置，安全区已设置完毕，具备单幅双向通行条件。"

值班员："按单幅双向通行保通方案执行。"

抢险救援队值班领导："抢险救援队收到！"

场景十一(清障完毕)

清障车："报告大队领导，事故现场已清障完毕，请指示!"

抢险救援队值班领导："收到，拖车时请注意行车安全。"

清障车："是。"

场景十二(上报省路警联合指挥中心)

抢险救援队值班领导："指挥中心，指挥中心，收到请回答！"

值班员："指挥中心收到，请讲！"

抢险救援队值班领导："事故现场已清障完毕，具备正常通行条件，建议解除单幅双向通行。"

值班员："指挥中心收到，请封闭事故现场后放中央活动护栏！"

抢险救援队值班领导：“抢险救援队收到。”

值班员：“您好，我是周口路警联合指挥中心，×时×分连霍高速公路 K808+550(北半幅)处交通事故已清障完毕，具备正常通行条件，建议解除单幅双向通行。”

省路警联合指挥中心：“收到，解除单幅双向通行。”

值班员：“是。”

场景十三(通知抢险救援队)

值班员：“抢险救援队，抢险救援队，收到请回答!”

抢险救援队值班领导：“抢险救援队收到!”

值班员：“接省路警联合指挥中心指令，解除单幅双向通行。目前经电子巡逻，安全区内所有车辆已安全通过，保通人员按计划有序撤离。”

抢险救援队值班领导：“抢险救援队收到!”

场景十四(上报)

抢险救援队值班领导：“指挥中心，指挥中心，收到请回答!”

值班员：“指挥中心收到，请讲!”

抢险救援队值班领导：“抢险救援队全部保通人员、车辆已安全撤离现场。”

值班员：“指挥中心收到。”

值班员：“值班领导，连霍高速公路 K808+550(北半幅)处交通事故已处理完毕，全部车辆人员已安全撤离。”

值班领导：“密切关注路况，将事故情况上报省路警联合指挥中心。”

值班员：“您好，我是三门峡路警联合指挥中心，×时×分连霍高速公路 K808+550(北半幅)处交通事故已处理完毕，目前道路通行秩序良好，请指示。”

省路警联合指挥中心：“收到，请密切观察路况，及时上报路况信息。”

值班员：“是。”

(本次演练结束。)

七、实训报告要求

(1) 以小组为单位提交实训报告。

(2) 实训报告主要包括内容：接警与处警工作的详细步骤(细化到角色姓名)。

(3) 实训报告格式符合本课程实训报告统一要求(见附录)。

(4) 实训报告内容应当规范、完整记录实训过程，认真总结实训过程中遇到的问题，阐述实训体会。

(5) 制作好的交通事故报警登记表见表 1-1 和表 1-2(接警员为学生姓名，后标清学号、组号)。

表 1-1　110 报警台接警信息

事故地址						
事故判定		所属县区		所管单位		
案件性质						
车型/车牌号						
报警人		性别		联系号码		□当事人
报警内容						□重大警情

(6)在实训报告后，附上实训过程中填写的交通事故现场接警与处警登记表(表 1-2)。

表 1-2　××省××市××交警大队“110”道路交通事故接警与处警登记表

接警时间	报案人	报案电话	事故地点	事故车辆及事故程度	派警情况	民警反馈情况	反馈指挥中心情况汇报
___时___分	驾驶人□　伤者□ 家属□　110□ 支队指挥中心□ 其他______			车牌：______ ______ 车型：______ ______ 轻微□　一般□　重特大□	___时___分 姓名：	___时___分 内容：	___时___分 反馈指挥中心 工号______
___时___分	驾驶人□　伤者□ 家属□　110□ 支队指挥中心□ 其他______			车牌：______ ______ 车型：______ ______ 轻微□　一般□　重特大□	___时___分 姓名：	___时___分 内容：	___时___分 反馈指挥中心 工号______
___时___分	驾驶人□　伤者□ 家属□　110□ 支队指挥中心□ 其他______			车牌：______ ______ 车型：______ ______ 轻微□　一般□　重特大□	___时___分 姓名：	___时___分 内容：	___时___分 反馈指挥中心 工号______
___时___分	驾驶人□　伤者□ 家属□　110□ 支队指挥中心□ 其他______			车牌：______ ______ 车型：______ ______ 轻微□　一般□　重特大□	___时___分 姓名：	___时___分 内容：	___时___分 反馈指挥中心 工号______
___时___分	驾驶人□　伤者□ 家属□　110□ 支队指挥中心□ 其他______			车牌：______ ______ 车型：______ ______ 轻微□　一般□　重特大□	___时___分 姓名：	___时___分 内容：	___时___分 反馈指挥中心 工号______

实训项目二　道路交通事故现场处置

一、实训目的

(一)知识方面

掌握道路交通事故现场处置的程序、规范，明确交通警察对交通事故现场处置的主要责任是根据具体交通事故现场情况设置警戒区域，指挥、分流和疏导交通，防止发生二次事故和拥堵；协助职责为灭火、危化品处置及伤员抢救等具体要求；掌握交通事故现场处置的方法和步骤，巩固课堂所学的交通事故现场处置知识。

(二)能力方面

巩固、消化对理论知识的运用；具备正确运用现场疏散、现场保护、现场调查、现场警戒、现场急救等处置方法和手段，对交通事故现场进行合法、科学处置的能力；具备事故现场处置的基本操作技能；具备正确处置各种交通事故现场的能力。

(三)素质方面

提高学生的动手能力、学习兴趣，培养学生严肃认真、实事求是的科学态度和严谨的工作作风及勇于探索的求实精神。培养和强化学生在交通事故现场处置的紧急状况下科学、统筹协调应急及多部门联动的快速工作思维，为具体交通事故现场处置奠定基础。

二、道路交通事故现场处置导引

道路交通事故现场处置是指公安机关交通管理部门利用职权依法对交通事故现场进行科学、高效和妥当处置；切实避免二次事故发生和扩大交通事故引发的危害后果，最大限度地保护人民群众的生命、财产安全和交通警察的自身安全的一系列手段与方法的总称。

(一)道路交通事故现场处置的任务

赶赴事故现场民警的现场处置的主要任务如下。

(1)划定警戒区域，在安全距离位置放置发光或者反光锥筒和警告标志，确定专人负责现场道路交通指挥和疏导，利用先进的防闯入系统报警器来辅助维护良好的道路通行秩序和保障安全。因道路交通事故导致道路交通中断或者现场处置、勘查需要，采取封闭道路等道路交通管制措施的，还应当在事故现场来车方向提前组织分流，放置绕行提示标志，避免发生道路交通堵塞。

(2)组织抢救受伤人员和受损财物。

(3)指挥勘查、救护等车辆停放在便于抢救和勘查的位置，开启警灯；夜间还应当开启危险报警闪光灯和示廓灯。

(4)查找道路交通事故当事人或者证人，控制肇事嫌疑人。

(5)其他需要立即开展的工作。

(二)道路交通事故现场处置的法律依据

道路交通事故现场处置由于涉及面较广，部分权利的运用还可能影响多数人的人身权利、财产权利、通行权等，道路交通事故现场处置必须依法进行。道路交通事故现场处置主要法律依据，具体见表 2-1。

表 2-1 交通事故现场处置的主要法律依据

序号	法律名称
1	《中华人民共和国道路交通安全法》
2	《中华人民共和国道路交通安全法实施条例》
3	《道路交通事故处理程序规定》
4	《道路交通事故处理工作规范》
5	《交通警察道路执勤执法工作规范》
6	《交通警察执勤执法安全防护规定》

三、实训内容与要求

(一)实训内容

对模拟的交通事故现场进行处置，选择不同类型的交通事故现场条件(强制撤离现场、火灾事故现场、逃逸现场、危险物品交通事故现场等)开展处置训练，制作出交通事故现场处置报告。

(二)实训要求

1. 不同交通事故现场处置的要求

(1)强制撤离交通事故现场的处置。为了减轻或者防止事故现场的交通堵塞，交通警察应当在固定现场证据后立即责令当事人撤离现场，对当事人拒不撤离现场的，道路交通警察应当予以强制撤离。

(2)涉及火灾交通事故现场的处置。公安机关交通管理部门应当立即协同有关部门(特别是消防武警官兵)积极抢救和迅速灭火。科学划定隔离区，封闭道路，疏散过往车辆、人员，禁止无关人员、车辆进入，待险情消除后方可勘查现场。

(3)逃逸交通事故现场的处置。①勘查事故现场，查找逃逸车辆现场痕迹及遗留物，固定现场证据，初步判断逃逸车辆类型；②现场寻找目击证人，了解逃逸车辆特征及逃逸方向；③现场查找周边监控录像，调取视频资料；④根据调查需要采取追击堵截措施。

(4)危险物品运输事故现场的处置。公安机关交通管理部门应当协同有关部门(特别是消防武警部队、疾病控制中心、传染病医院、气象等部门）对风向进行准确判断，科学划定隔离区，封闭道路，疏散过往车辆、人员，禁止无关人员、车辆进入，待险情消除后方可勘查现场。

(5) 确认案件性质和管辖现场的处置。对属于道路交通事故但不属于本单位管辖区域的，报告指挥中心通知有管辖权的公安机关交通管理部门赶赴现场；管辖权有争议的，报告共同的上一级公安机关交通管理部门指定管辖，管辖权确定之前，最先到达现场的交通警察不得中止或拖延对该事故的组织施救、现场处置及处理工作；管辖权确定后，移交案件有关材料，由有管辖权的单位继续处理。先期到达的交通警察须做好组织伤员救治工作和安全防护工作，相关部门到达且交接后方可离开。不属于道路交通事故的，告知当事人并报告指挥中心。

(6) 事故现场治安秩序的处置。乘车人员和现场的其他无关人员应当离开事故车辆，及时撤离到路边安全地带等候。参与抢救、清障的人员，应当尽量减少在现场路面的停留时间。车辆驾驶人和赶到现场的道路交通警察应当立即开启车辆的危险报警闪光灯，并根据道路情况、天气情况和车速度情况等，迅速设置危险警告标志，同时设专人负责外围警戒，提示过往车辆注意减速或停车避让并防范财物被哄抢。

2. 道路交通事故现场处置的安全防护措施

交通警察在执勤执法时应当按照规定穿着反光背心，佩戴多功能反光腰带、发光指挥棒、对讲机、执法记录仪，根据需要携带警棍、手铐、警绳等装备，具体的交通事故现场处置安全防护措施如下。

(1) 交通事故勘查车应当停放在与事故车辆同车道的来车方向，距事故车辆或者事故起始点 100 m 以外；事故现场附近有弯道和坡道的，停放地点应当选择在下坡坡顶、上坡起点或者弯道前端，与事故现场的距离应当根据需要适当延长。交通事故勘查车应当开启警灯和车载可变信息屏，夜间应开启危险报警闪光灯。

(2) 交通警察应当根据现场情况，划定警戒区，确定至少一名交通警察或者交通协管员负责现场安全警戒，疏导指挥过往车辆，发现险情立即通知现场人员撤离。在设有车道信号灯、可变信息标志的城市快速路、公路上，应当根据现场情况，及时变换车道信号灯，管控车道，并利用可变信息标志、显示屏及时发布临时交通管控、安全提示等信息，提示车辆驾驶人谨慎驾驶、减速慢行。

(3) 车流比较集中的路段、路口事故现场或者较大事故现场，应当采取限制车辆通行或者中断交通的方式对事故现场进行有效保护。

(4) 遇有载运爆炸物品、易燃易爆化学物品以及毒害性、放射性、腐蚀性、传染病病原体等危险物品车辆事故时，现场交通警察应当穿着防护服、佩戴防护用具。在环境保护、安全监管以及公安消防等部门消除险情后，方可勘查现场。

四、实训场地与器材

实训场地：在学校施划交通标线的道路，最好是在交叉路口进行，需确保整个实训工作安全。

实训器材：机动车和自行车各一辆、数码摄像机、数码照相机、粉笔、包扎带、止血带、橡皮警棍，警用反光背心、警戒带、警戒柱、三角警告牌、交通锥筒、辅助牌(含辅助标志和诱导标志)、喊话器、对讲机、笔录纸、调查夹、印泥、现场急救箱、担架、大型遮阳伞、人体模型、担架一副及其他道具、玻璃、油漆碎片、扫把、铲子、颜料等，条件允许的可以直接协调联系外伤急救医护人员、消防武警官兵和车辆施救部门等联动参与实训。

五、实训步骤和方法

(一)实训准备

1. 实训情境设定

时间：20××年××月××日上午(下午)×时×分

地点：国道××线××km+××m

交通事故概况：根据情况选择设置汽车正面碰撞现场、汽车碰撞行人现场、汽车与自行车碰撞现场、汽车侧面碰撞现场、逃逸事故现场、高速公路事故现场等模拟现场处置。

2. 布置模拟事故现场

实训教师在实训场布置交通事故模拟现场，布置模拟现场应注意保证相关的交通元素齐全，基本符合事故发生规律。如人体位置、路面遗留的血迹位置、地面轮胎痕迹及现场环境、标志标线和相关物体等。

3. 分组和分工安排

(1)以8人为一实训小组。按照交通事故现场处置的任务分工，由学生担任不同的角色，在教师的指导下有组织地开展。

(2)担任指挥的学生1人，带领履行不同处置职责的学生赶赴现场，在快速巡视现场后，紧急发布集合、动员和职责分工命令。

要求：指挥人员要有现场角色意识，口令有力，声音洪亮，心理沉稳，控制局面能力好，分工明确，强调纪律和自身安全。各处置小组成员在总指挥的带领下，有序、迅速、合理地开展处置工作，具体分工如下：

①现场疏散、警戒组2人，适时疏散围观群众，合理划定范围，迅速布置警戒；

②现场急救组2人，正确采取救护措施，合理选择急救地点，适时联系医疗单位；

③维护交通事故现场秩序2人，现场前后方各1人，注意站位和指挥手势的标准程度；

④控制肇事人、查找证人1人；

⑤交通事故现场清理，维护交通事故现场治安秩序，清理事故现场物品、预防物品遗失，恢复交通，小组全体人员参加；

⑥现场接待组由指挥组兼任，主要针对受害人及肇事人亲友进行及时的安抚和劝导；对新闻媒体进行合理、有序的新闻发布和管理。

(3)担任指挥的学生掌握各组进度，视情况完成全部既定任务后清理现场，恢复交通。

（二）现场处置

现场处置应根据不同的事故针对性地采取措施，做到处置过程的科学性和完整性。

1. 现场疏散、警戒

交通事故现场处置人员（须带齐出警装备）应当立即疏散围观人员，高速公路和城市快速路的应当将人员疏散到安全地带，避免发生次生交通事故，现场警戒设置的主要方式如下。

(1) 城市道路和普通公路交通事故现场警戒主要方式如下。

①白天在距离事故现场来车方向 50～150m 外或者路口处连续设置锥筒以及限速、慢行（加配辅助标志“事故”）等标志，警戒区锥筒摆放纵向距离不得大于 20m，横向距离不得大于 1.5m。

②夜间或者遇有雨、雪、雾、霾、冰冻等恶劣道路通行条件时，摆放锥筒、标志的数量和警示距离应当适当延长，并使用照明车或者升降式照明灯对事故现场进行照明。

③在交叉路口实施分流时，应当根据路口实际情况提前设置限速、道路封闭、慢行（加配辅助标志“事故”）、绕行等标志，并在事故现场附近适当位置停放警车示警、摆放锥筒，锥筒最大间隔不超过 20m。

(2) 高速公路和城市快速路交通事故现场警戒主要方式如下。

①白天在距离事故现场来车方向 200m 外连续放置锥筒，设置限速、慢行（加配辅助标志“事故”）、左（右）道封闭等标志，锥筒最大间隔不超过 20m。在城市快速路设置锥筒、标志的起始距离可以根据现场情况适当缩短。

②夜间或者遇有雨、雪、雾、霾、冰冻等恶劣道路通行条件时，在距离现场来车方向 500～1000m 外连续放置锥筒，设置限速、慢行（加配辅助标志“事故”）等标志。

③实施交通分流管控措施时，应当派出布控警车，在距离分流匝道出口 1000m 外设置锥筒和限速、警告标志，引导车辆驶入匝道，确定专人在分流点进行巡逻警戒，停放示警车辆，开启警灯，在不影响周围群众生产生活的情况下，可以使用警报器，使用车载显示屏滚动显示道路封闭、减速慢行等信息。

④采取借道通行管控措施时，应当双方向设置交通标志，在事故现场来车方向高速公路中央护栏（隔离带）开口处 1000m 外由远到近、由疏到密，分别连续设置锥筒以及限速、慢行（加配辅助标志“事故”）、道路封闭等标志，锥筒最大间隔不超过 20m；在事故现场所在车道设置改道等标志，在对向车道设置车道变少等标志，并在封闭车道迎向交通流方向设置线性诱导标志或者可变箭头信号，诱导车流变换车道；改变交通流向的区域应当设置锥筒等渠化设施，分隔不同方向的交通流。

⑤发生载运爆炸物品、易燃易爆化学物品以及毒害性、放射性、腐蚀性、传染病病原体等危险物品车辆交通事故时，应当及时中断事故现场双向交通，快速清空现场滞留车辆、人员，并及时报告属地公安机关或政府应急管理部门。

2. 现场急救

组织已经到现场的医务人员进行现场急救，涉及人员卡在车内的，使用破拆器等设备救援，必要时通知武警消防官兵救援；医务人员尚未到达现场的，现场处置人员组织现场人员科学和力所能及地参与急救，采取包扎、固定和心脏复苏等救援手段，特别是涉及抬放伤员的动作要轻微，使用硬担架或者木板进行，避免二次伤害；在无医疗急救人员在场的情况下，交通警察原则上不直接对重伤者进行救护。

3. 维护交通事故现场秩序

交通事故现场处置，一般来说在保障安全及现场痕迹物证不被损坏的情况下，要尽量不妨碍正常的交通秩序，因此需要进行事故现场的交通指挥，在事故现场两个方向各由一名人员进行指挥，需要着规范制服，戴白色警帽、白色手套，白天戴制式腰带，晚上着反光背心和佩戴荧光指挥棒(含夜神灯)，站位醒目安全，指挥车辆动作标准规范，科学疏导车辆有序、安全通过。

4. 控制肇事人，查找证人

根据事故后果的严重程度和事故责任情况，事实基本清楚的，可以采用传唤、拘传、行政拘留等合法的法律手段控制肇事人，预防肇事人逃跑或者自伤；同时，使用携带的调查夹记载交通事故目击证人的身份情况、联系方式、居住地点等情况，以便后期进行事故调查。

5. 对交通事故受害人遗体(尸体)进行处置

道路交通事故造成人员现场死亡的，应当经急救、医疗人员进行确认并安排警力在现场进行妥善保护(在少数民族地区的，要尊重少数民族的习惯进行看护)，并由医疗机构出具死亡证明。尸体应当存放在殡葬服务单位或者有停尸条件的医疗机构。需要进行检验的，须依法进行；检验尸体不得在公众场合进行，整个检验过程要切实避免有伤风化和造成其他不利影响。

6. 交通事故现场清理，恢复交通

现场勘查完毕后，处置人员指挥施救车辆停放、卸货、吊车、拖车等，现场有遗体的，通知殡仪馆人员运送遗体，清理路面的油污、碎玻璃等障碍，收回交通锥筒等设备后离开。

(三)现场处置报告的撰写

现场处置报告是反映学生实训综合情况的记录，不是交通事故卷宗的必要材料，为了全面反映学生现场处置工作的完整性、协调性，避免在实际工作中忽略处置工作的一些部分，特要求学生撰写现场处置报告，具体要求如下。

1. 交通事故接报警情况

具备报警人情况、报警内容和事故概况等。

2. 处置人员及分工

处置人员名单及分工，要求图文并茂(也可以做成视频资料)。

3. 现场救援情况

针对不同的交通事故采取救援措施，有多部门参与的，写明各自具体工作的开展情况。

4. 交通事故现场秩序疏导情况

对交通事故现场秩序(含治安秩序)的维护情况进行记载，含现场的路况、车流、行人和围观人员等情况。

5. 交通事故新闻通稿

对交通事故情况、现场处置情况和恢复道路通行情况进行撰写，要求实事求是、注意保密和避免不正当言行妨碍事故调查，即做到：发出的通稿没有虚假，调查到的事实不一定全部出现在通稿中，只针对已经查明的事实，不评论、不误导、不推测事实。

（四）教师点评

(1) 主讲教师和辅助教师在学生进行现场实训过程中，及时发现、纠正在现场处置过程中存在的问题。

(2) 在实训结束后，每组学生进行总结汇报，其他学生进行补充和纠正，最后授课教师对各组实训情况进行点评。

六、典型实训情境操作步骤示例

（一）实训准备

1. 实训情境设定

时间： 20××年××月××日上午（下午）×时×分

地点： 国道××线××km+××m

交通事故概况： 在某市城市道路上，一名行人从道路北侧下客车后，由北往南横穿公路，一辆自西向东直行的轻型货车见状制动避让不及发生碰撞，现场造成行人死亡、车辆受损的死亡交通事故。

2. 布置模拟事故现场

实训教师在实训场对交通事故模拟现场进行处置，布置模拟现场应注意保证相关的交通元素齐全，基本符合事故发生规律。实训现场处置警戒措施见图 2-1。

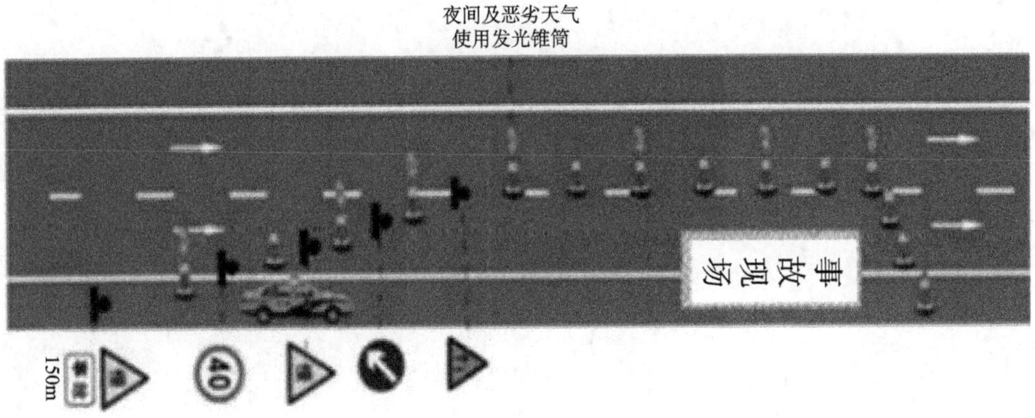

图 2-1　实训现场处置警戒措施

（二）进行现场处置

按照既定的交通事故现场处置实训方案依次进行。

七、实训报告要求

(1) 以小组为单位提交实训报告，学生用 PPT 模式写出操作性实训报告，要求有图有内容(各小组合影照片一张，注明学生姓名及学号)。

(2) 实训报告格式符合本课程实训报告统一要求。

(3) 实训报告内容应当规范、完整记录实训过程，认真总结实训过程中遇到的问题，阐述实训体会。

(4) 在实训报告后面，附上实训的过程(请学生充分结合各自分配的岗位职责情况在报告中予以体现)。

实训项目三　道路交通事故现场道路及交通设施勘验

一、实训目的

（一）知识方面

熟悉道路交通事故中有关道路工程、交通设施的标准和规范；掌握不同道路结构条件下的交通事故现场道路及交通设施的勘测原理、方法和技术。

（二）能力方面

进一步巩固理论知识，具备正确使用测绘仪器的能力，学会全面、准确地记录事故现场状况，具备制作《道路交通事故现场图》中有关道路及交通设施的基本操作技能。

（三）素质方面

进一步提升学员对交通信号完备性、视认性、一致性的认知；充分认识道路结构的物理特性、视距保障对避免交通事故发生的重要性；进一步培养学生发现、消除道路交通安全隐患的能力。

二、道路交通事故现场道路及交通设施勘验导引

道路交通事故现场道路及交通设施勘验是指运用绘图、文字记录等方法，记录道路交通事故现场环境情况或者描述事故发生现场的图形材料，它是道路交通事故现场勘查、现场图绘制的重要组成部分，是调查和处理道路交通事故的重要证据。

（一）道路交通事故现场道路及交通设施勘验内容

道路及交通设施勘验是对事故现场中道路类型、行政（技术）等级、走向、路口形式、横断面形式、线形、路面材料及状况、交通设施、周围环境等内容进行勘查。

1. 道路勘验

应重点对路段及交叉口的可行路面宽度、各车（人）行道宽度、道路宽度变化特征、弯道曲线半径、纵向坡度、路面附着系数等内容进行测量，并在《道路交通事故现场图》和《道路交通事故现场勘查笔录》上配合文字标注加以说明。

2. 道路交通设施勘验

应重点观察并记录车辆行经路线的交通标志、交通标线，以及交通信号灯的种类、显示内容、所在位置等信息。

3. 道路事故隐患点排查

重点测量道路的安全行车视距，并观察交通设施的设置是否规范、合理。

(二)道路交通事故现场道路及交通设施勘验的相关技术标准

道路交通事故的道路及交通设施勘验内容是由一定的图线、图形符号和文字标注等，按照现场的实际空间结构关系组合而成的，勘验内容所可能涉及的技术标准见表3-1。

表3-1 道路及交通设施勘验的相关技术标准

标准代号	标准名称
GA 49—2014	《道路交通事故现场图绘制》
GB/T 11797—2005	《道路交通事故现场图形符号》
GB 5768—2009	《道路交通标志和标线》
GB 14886—2016	《道路交通信号灯设置与安装规范》
GA/T 851—2009	《人行横道信号灯控制设置规范》
GA 40—2008	《道路交通事故案卷文书》

三、实训内容与要求

(一)实训内容

对不同位置(平面交叉路口、三岔路口、直线路段、弯曲路段、斜坡路段)以及不同路面性质(沥青路面、水泥路面、沙土路面)的道路交通事故现场进行实地勘查训练，完成《道路交通事故现场图》中关于现场地物、地貌、设施和道路环境的绘制工作，并完成《道路交通事故现场勘查笔录》中“道路基本情况”一栏的信息填写。

(二)实训要求

1. 道路交通事故现场的测量要求

(1)应测量现场路面及有关交通设施的相对位置，进行定位。

(2)明确基准，测量时应以道路边缘、标线的一侧为基准。

(3)测量时可用卷尺、激光测距仪或立体摄影测量的方法。

(4)测量的最小计量单位为厘米。

(5)测量误差：距离小于50cm的，最大误差允许为0.5cm；距离为50cm～10m的，最大误差不得超过1%；距离超过10m的，最大误差不得超过10cm。使用摄影测量方法的综合测量误差不得超过1%。

2. 现场的绘制要符合制作要求

(1)适用普通程序处理的各类交通事故，均应绘制现场记录图。适用简易程序处理的交通事故，可不绘制现场图。

(2)采用绘图笔或墨水笔绘制、书写。在绘图时应当使用规定的格式，根据需要选择适当规格的图纸，以近似比例进行绘制。

(3)应全面、形象地表现道路交通事故现场的客观道路环境和现场全貌。现场范围较大时，可使用双折线压缩无关道路的画面。

(4)《道路交通事故现场图》中的各类图形符号应按实际方向和位置绘制。

(5)绘图时应做到数据完整、尺寸准确、标注清楚。在记录间距时，应使用尺寸线、尺寸界限、尺寸数据进行标注或说明。

(6)测绘完毕后，应在现场进行核对，检查各内容有无遗漏，保证测量数据的准确。

四、实训场地与器材

实训场地：本实训场地可选取校外真实的路口或路段。

实训器材：反光背心、发光指挥棒、警示灯、停车示意牌、警戒带、数码相机、反光锥筒、《道路交通事故现场勘查笔录》、《道路交通事故现场图》、交通信号灯相位及配时记录表、指南针、绘图笔、绘图画板、卷尺、钢卷尺、激光测距仪、绘图尺、坡度仪、测速仪、路面纵向附着系数测量仪等。

采取校外实训，还需要提前与相关单位或部门协调，保障运送参训学生往返的交通工具。

五、实训步骤和方法

(一)实训准备

1. 布置实训场地

在实训场地内设置反光锥筒和警戒带。以真实路口或路段开展实训时，应尽量避开高峰期，并尽可能选取交通量较小的路段。对于交叉路口的勘验，宜将流量小的进口道作为勘验对象。

2. 分组和分工安排

学员以 3 人为单位进行分组，每组设两名勘查员、一名绘图记录员。

(二)现场测量与记录

1. 记录道路类型、行政等级、技术等级等内容

(1)道路类型：城市道路、公路、广场、公共停车场等。

(2)行政等级：国道、省道、县道、乡道、村道等。

(3)技术等级：公路分为高速公路、一级公路、二级公路、三级公路、四级公路；城市道路分为快速路、主干路、次干路、支路。

2. 道路走向、道路横断面形式的记录、绘制

(1)道路走向的确定。

道路走向通常用测定道路中心线(或中心线的切线)与基准方向(通常用磁北方向作为基准方向)的夹角表示，如图 3-1 和图 3-2 所示。在不能确定道路的方向时，也可以用文字方式记录其两端的通达地名。对于难以判断方向的道路，也可用“←”或“→”直接标注在道路图例内，并注明道路两个方向通往的地名。

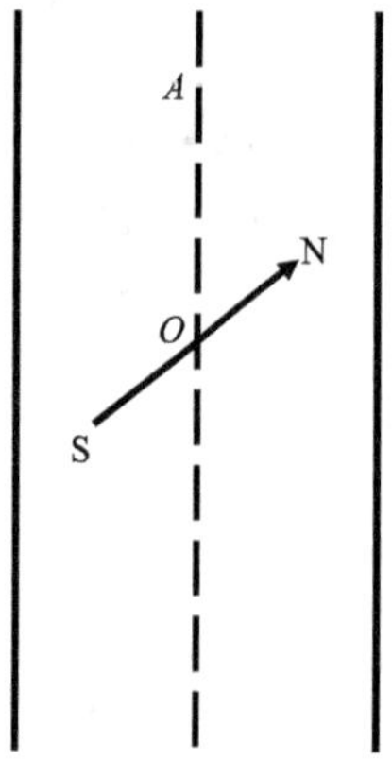

图 3-1　道路中心线与磁北方向夹角

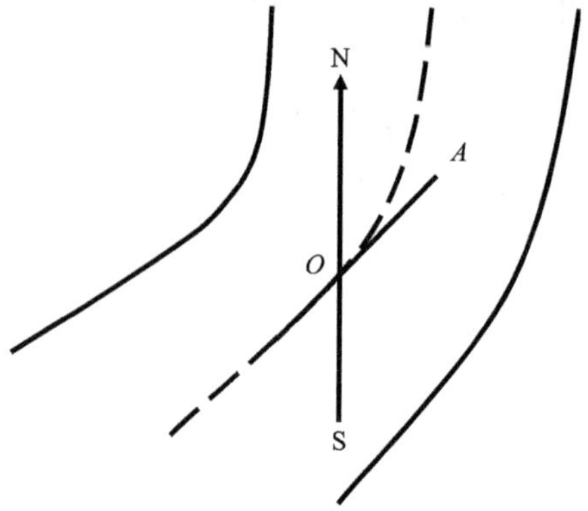

图 3-2　道路中心线的切线与磁北方向夹角

原则上现场图的方位为“上北下南、左西右东”，但实际操作中可以根据图纸的需要调整方向。为了利用绘图纸上的坐标线或压制隐格线，通常事故现场的道路走向在绘图纸上体现为垂直或水平方向，因此现场图上的方向标可能是斜置的。

(2) 绘制道路及道路横断面组成。

道路横断面组成包括：机动车道(含加速车道、减速车道、爬坡车道、公交专用道)、非机动车道、人行道、路肩、紧急停车带、分隔带等。

道路走向测定之后，在《道路交通事故现场图》的右上角用箭头与字母将磁北方向标出，再画出道路中心线并以道路半宽画出道路边线，最后根据具体的道路横断面组成绘制道路并用文字标识。

3. 道路横断面测量

道路横断面的测量内容主要包括路面全宽、机动车道宽度、非机动车道宽度、单或双黄线宽度、分隔带宽度、人行道宽度、路肩宽度等，并标明隔离设施的名称。在测量路面宽度及车道宽度时，测量边界的确定原则为：①对于采用水泥、沥青等材料铺装并且有交通标线的路面，按照交通标线进行测量；没有交通标线的，按照路面的边缘进行测量；对于路缘不整齐的，以路缘的拟合直线或曲线为准。②对于未采用水泥、沥青等材料铺装但有明显路面边界的路面，按照其边界进行测量；无明显路面边界的，根据地面的压实状况和通行痕迹来测量其有效路面宽度及非有效路面宽度。

(1) 路面全宽的测量。

路面全宽包含机动车道宽度、非机动车道宽度、分隔带宽度和双黄线宽度。但城市道路的路面全宽不包括人行道宽度，公路的路面全宽不包括路肩宽度。

(2) 车道宽度的测量。

车道宽度包括机动车道宽度、非机动车道宽度。在丈量车道宽度时，应遵从以下的测量规则，如图 3-3 所示。

①对于双黄实线、单黄实线、黄色虚实线的实线一侧、禁止跨越的车行道分界线、导向车道线、车道边缘线，因禁止车辆越线或压线行驶，应当从线的内侧测量车道宽度。

②黄色虚实线虚线一侧、黄虚线、允许跨越的车行道分界线，因没有禁止车辆压线

行驶，应当从线的中心测量车道宽度。

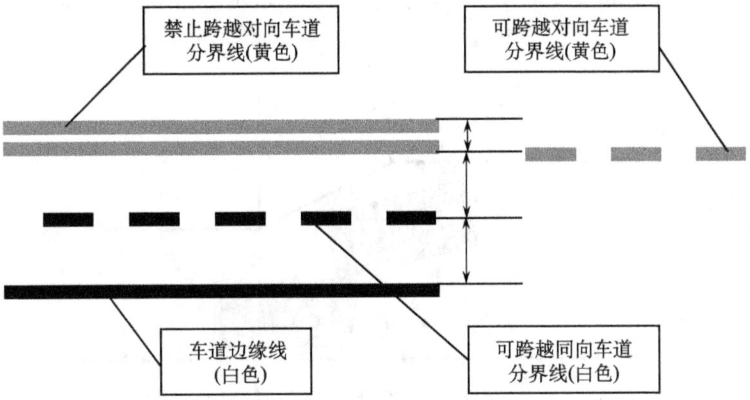

图 3-3　车道宽度的测量边界

【提示】为了防止出现尺寸矛盾，道路全宽与各车道宽度的尺寸标注不能形成闭环尺寸链，应留有缺口，如图 3-4 所示。一般选择分隔带宽度或者中心双黄线宽度为缺口，如图 3-5 所示。在有中心线的道路上，且另半幅道路与事故的发生无关时，可只测量与事故发生有关的半幅道路的车道宽度。

(3) 变窄路段的测量。

为了研究道路宽度的变化规律，确认各交通主体的通行权，应在变窄路段的现场两端分别测量道路宽度并测出变窄路段的长度，如图 3-6 所示。

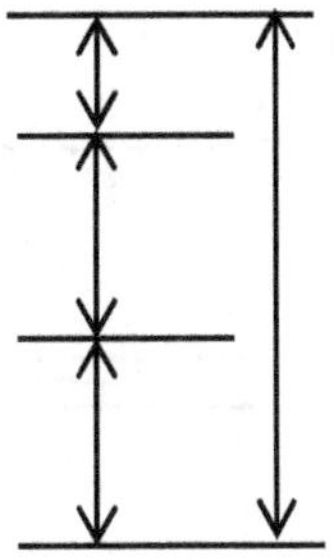

图 3-4　错误的闭环尺寸链

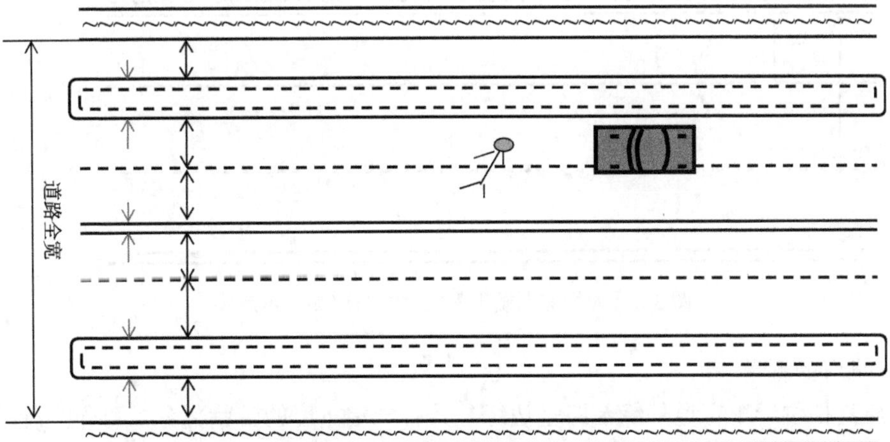

图 3-5　正确的道路全宽和车道宽度测量与标画示意图

(4) 人行道宽度的测量。

对于车行道上发生的事故，一般只测量车行道宽度，且应标示出人行道，但不测量人行道宽度，如图 3-7 所示。对于人行道上发生的事故，则应测量人行道的宽度，同时还要标注并测量与人行道相邻车道的车道类型(机动车道、非机动车道)和车道宽度，如图 3-8 所示。

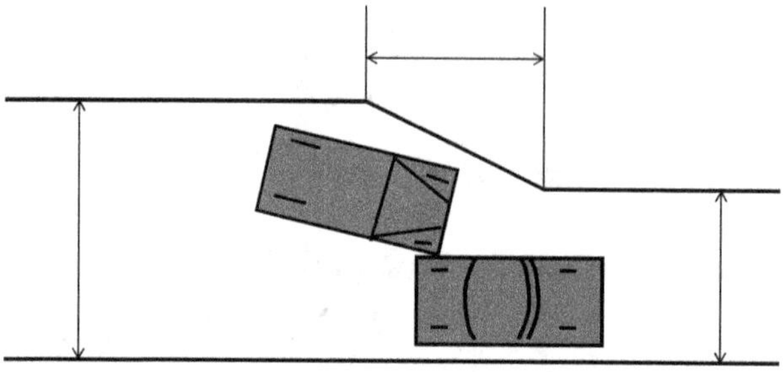

图 3-6　宽度有变化路段的测量与标画示意图

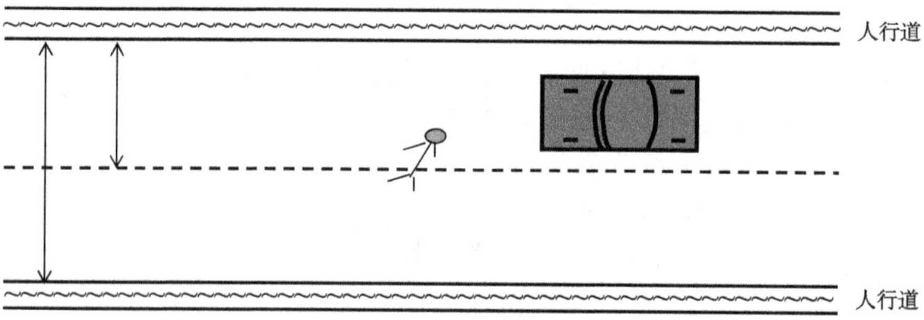

图 3-7　车行道上发生事故时的车道测量示意图

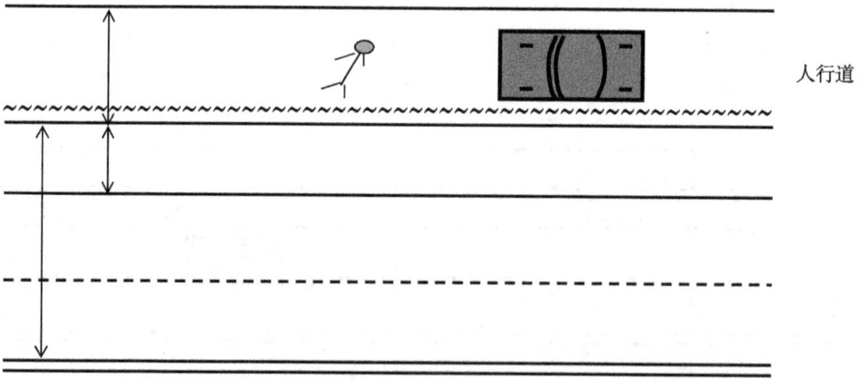

图 3-8　人行道上发生事故时的车道测量示意图

(5)路肩的测量。

路肩是指位于车行道外缘至路基边缘，具有一定宽度的带状部分，可作为行驶车辆的侧向余宽，保持车行道的功能和临时停车使用，并作为路面的横向支承。路肩包括硬路肩与保护性路肩，如图 3-9 所示。对于公路的路肩，应当测量其宽度并标明性质。城市道路的路肩通常作为人行道或非机动车道，是否测量视事故具体情况而定。

(6)有效通行区域的测量。

对于非水泥或非沥青道路以及有障碍物的道路，除了要测量路面全宽和车道宽度，还需要测量道路的有效宽度、非有效宽度以及道路的几何中心线位置等，如图 3-10 所示。

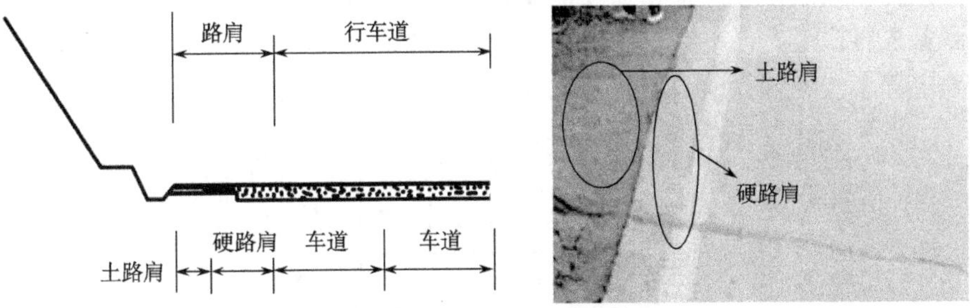

图 3-9　路肩示意图

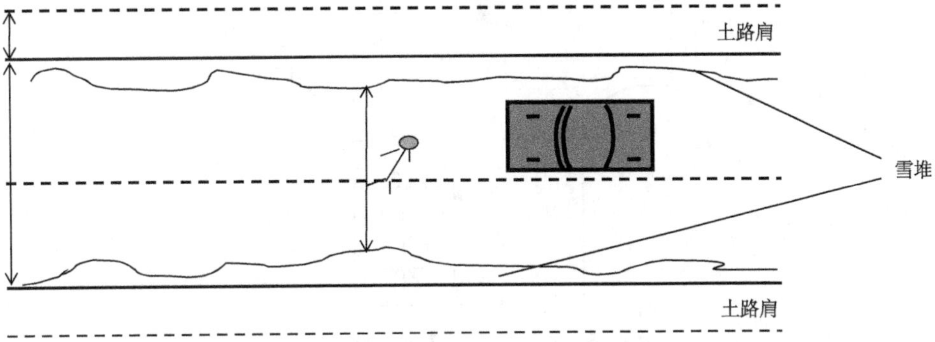

图 3-10　非水泥或非沥青道路、障碍路段的道路测量

此外，隔离带开口宽度应以实际可通行原则进行测量，如图 3-11 所示。

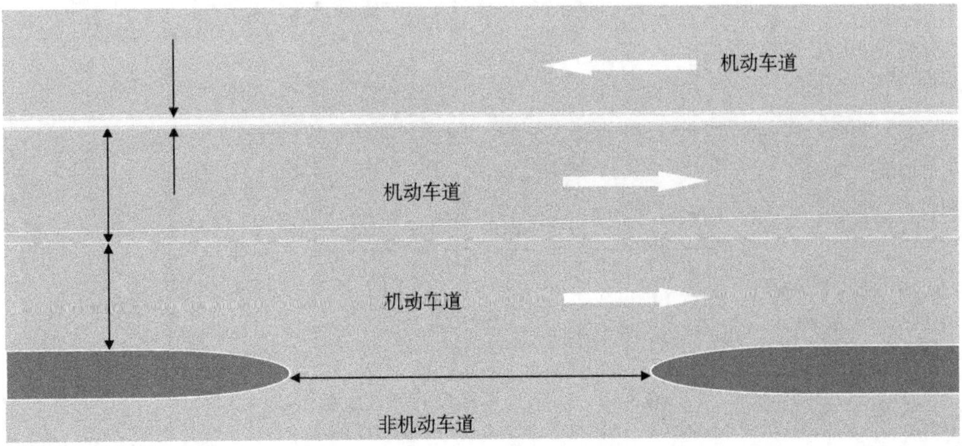

图 3-11　隔离带开口宽度的测量

4. 交叉路口的测量

(1) 规则交叉路口的测量。

规则交叉路口的测量应包括以下几个基本内容，如图 3-12 所示。

①事故发生所涉及的路口相对位置及宽度。

②有人行横道的，应当根据需要测量人行横道的宽度。

③测量人行横道、停车线与道路边缘延长线的距离。

④确定停车线、人行横道的位置以及与肇事车辆的距离。

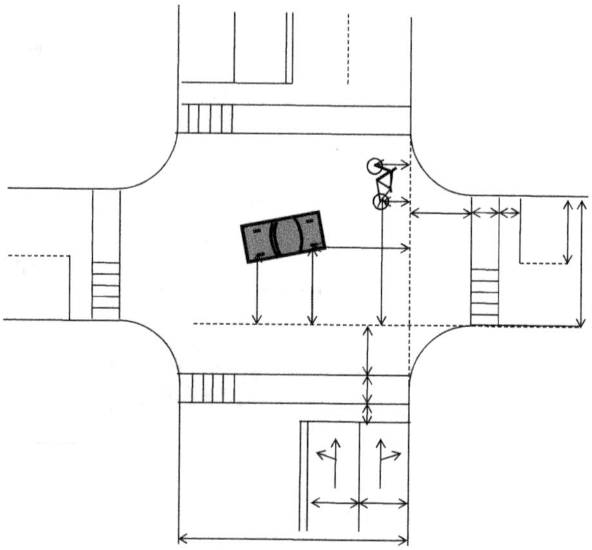

图 3-12　规则交叉路口的测量示意图

⑤在测量规则交叉路口的相对位置时，不仅要测量路口内对称四个拐角顶点间的距离，还应测量平行切线间的距离，测量示意图如图 3-13 所示。

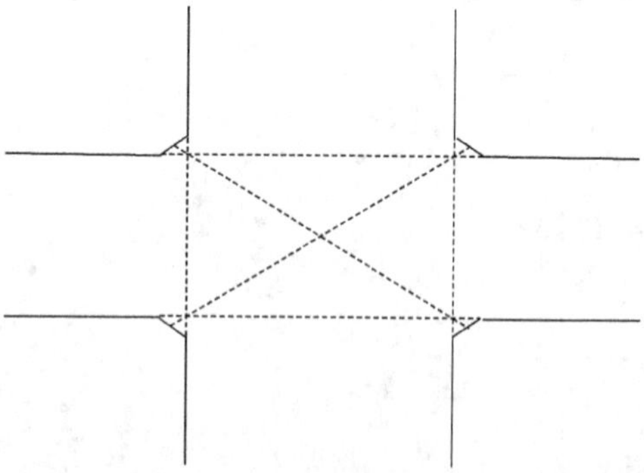

图 3-13　规则十字路口的测量示意图

(2) 不规则十字路口的测量。

相比于规则的十字路口，不规则十字路口的测量除了按照规则路口的要求进行测量，还应根据路口不规则部分的特点，选择正确的方法，表达清楚不规则部分的情况，如图 3-14 (a) 所示。

在测量不规则十字路口相对位置时，应选择其中一拐角为 *a* 拐角，其对角为 *b* 拐角，再以 *a*、*b* 拐角两侧道路边缘线的延长线作为衡量基准进行测量，然后依次定位 *c*、*d* 拐角的位置，如图 3-14(b)所示。

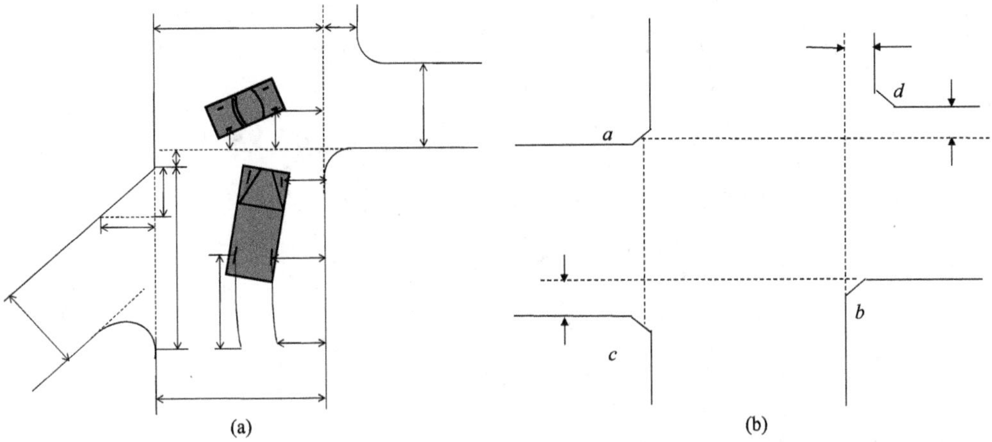

图 3-14　不规则十字路口的测量示意图

(3) 丁字路口的测量。

丁字路口的测量方法类似于十字路口，如图 3-15 所示。

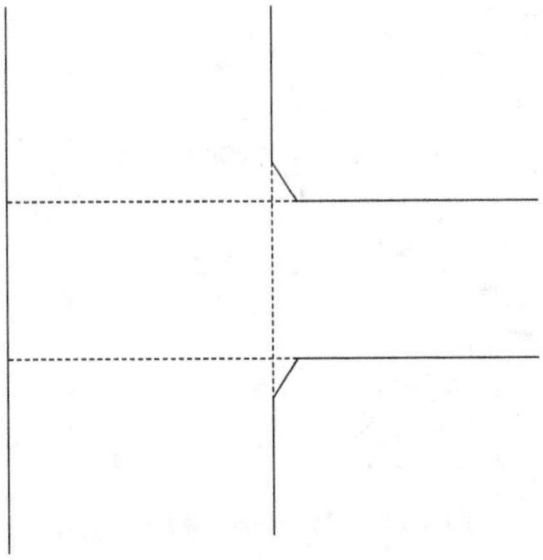

图 3-15　丁字路口的测量

5. 弯道的测量

中心线平面投影弯曲的路段称为弯道。对于在弯道处发生的事故，应测量弯道半径和车辆转弯时擦印的平面半径，以分析事故的原因及行车速度。

(1) 弯道半径的测量。

弯道半径是指弯道中心线的半径。事故现场的半径可以向道路管理部门查询，需要时可在现场测量。在现场测量时，如果有弯道中心线，可测中心线半径。如果没有中心线，一般在弯道中部外侧边缘线上，任意选择 *A*、*C* 两点，测出 *AC* 的距离，找出 *AC* 中

点 D，测出 $AD=a$，于 D 点作 AC 垂线找到 B 点，测出 $DB=h$，再根据下式计算弯道半径，如图 3-16 所示。

$$R=\frac{a^2+h^2}{2h}-\frac{L}{2}$$

式中，R 为弯道半径；a 为弦长的 1/2；L 为路宽；h 为弦高。

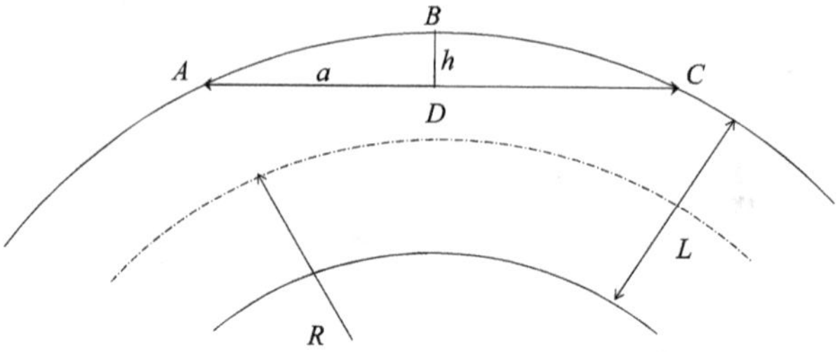

图 3-16 弯道半径测量方法

(2) 弯道加宽的测量。

需要测量弯道加宽时，可以分别在弯道中间部位和进入弯道前的直线部分（避开缓和段）测量道路全宽，两者的差值即弯道加宽值。

(3) 弯道超高的测量。

超高是为了降低车辆转弯时的离心力，在圆曲线地段将外侧车道升高所构成的向内倾斜的坡面。测量弯道超高时（图 3-17），可在弯道中间部位，沿径向测量其高差，弯道超高计算公式如下：

$$i=\frac{CA}{CB}\times 100\%$$

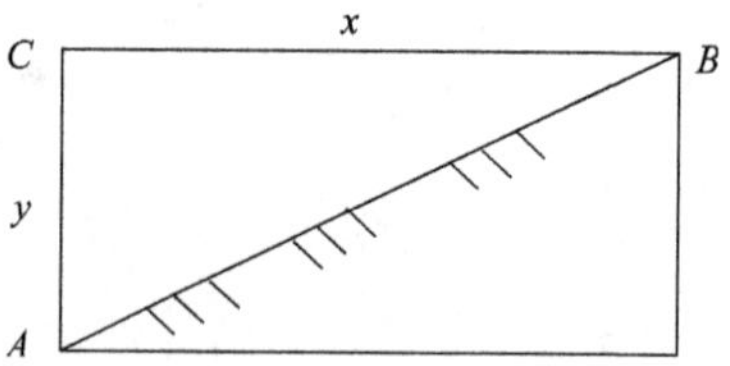

图 3-17 弯道超高的测量方法

6. 坡段的测量

(1) 坡度值的测量。

道路纵剖面上中心线与水平线不平行的路段称为路面纵坡。路面上两点的高度差 y 与两点间水平距离 x 之比即坡度，用%表示。

$$\text{坡度}\, i=\frac{y}{x}\times 100\%$$

测量道路纵坡度也可以用弯道超高的测量方法，但该方法误差较大，应尽量采用专业坡度仪进行测量。

(2) 坡长的测量。

坡长即连续坡道的总长度，一般直接测量道路中心线或一侧边缘线，弯曲的道路也用同样的测量方法进行。

(3) 竖曲线的测量。

竖曲线为两条坡道之间的连接转换曲线，包括凸曲线和凹曲线，其测算方法与平曲线半径的测算方法基本相同。

7. 确定交通信号的设置及显示情况

交通信号的设置及显示情况是判断当事人交通行为正当性的重要依据，在道路交通事故现场对交通设施进行勘验时，应仔细观察并记录车辆行经路线上的交通标志与交通标线、交通信号灯的设置及显示情况，包括其种类、显示内容和设置位置等。

(1) 交通标志与交通标线。

①视认性确认：观察并记录车辆行经的路段以及所在路口的交通强制性标志(禁令标志和指示标志)内容，特别应注意辅助标志的内容。此外，在现场勘查时还应注意观察交通标志和交通标线的完好程度，观察是否存在被其他物体遮挡或破损，以及因交通标志信息过载而导致驾驶人无法有效视认的情况。

②一致性确认：注意观察并记录交通标志与交通标线是否存在矛盾，如进口道的车道指示标志与地面的车道导向线标画是否矛盾、单行路段的路口指示标志与禁令标志所示意的内容是否不一致等。

(2) 交通信号灯。

①记录交通信号灯的灯具、信号相序、各相位的绿灯时长、总周期。

仔细观察并在交通信号灯相位及配时记录表上记录事故现场的信号灯灯具和事故发生时段的信号灯相序、相位及配时、总周期等内容，以便当无法获取事故车辆通行方向路口监控的直接证据时，根据其他方向的信号灯显示还原事故发生时车辆通行方向的信号信息。

②确认交通信号灯的相位设置是否存在冲突。

根据《道路交通信号灯设置与安装规范》(GB 14886—2016) 以及《人行横道信号灯控制设置规范》(GA/T 851—2009) 的规定，信号灯相位设置应注意如下几点。

a.在有方向指示信号灯的交叉口，不允许机动车信号与行人信号冲突。

b.在有方向指示信号灯的交叉口，人行横道绿灯相位和与之相冲突的机动车绿灯相位间应设置足够的清空时间。清空时间应根据交叉口的空间范围确定。

c.在无方向指示信号灯的交叉口，人行横道信号灯相位设置应与同方向机动车信号灯相位一致。

d.在有方向指示信号灯的交叉口，方向指示信号所指挥的交通流与其他交通流的通行权不应冲突。如左转方向指示信号不得与对向右转方向指示信号相冲突、左转方向指示信号不得与对向机动车信号相冲突等。

③确认是否按标准规定的条件设置交通信号灯。

对于未设置信号灯的路口，应观察路口是否符合《道路交通信号灯设置与安装规范》

(GB 14886—2016)以及《人行横道信号灯控制设置规范》(GA/T 851—2009)中的信号灯设置条件。

a.非机动车驾驶人在路口距停车线 25m 范围内不能清晰视认用于指导机动车通行的信号灯的显示状态时，应设置非机动车信号灯。

b.对于机动车单行线上的路口，在与机动车交通流相对的进口应设置非机动车信号灯。

c.在采用信号控制的路口，已施划人行横道标线的，应设置人行横道信号灯。

d.学校、幼儿园、医院、养老院门前的人行横道，应设置人行横道信号灯和相应的机动车信号灯。

对于已设置信号灯的路口，应确认路口需有至少一个信号灯组合的安装位置和方式能确保在该信号灯组合所指示的车道上的机动车驾驶人位于规定的范围内时均能清晰地观察到信号灯，具体范围见表 3-2。若不能确保驾驶人在该范围内能清晰观察到信号灯显示状态，应观察路口附近是否设置相应的警告标志。

表 3-2　交叉口信号灯设置的视距要求

道路设计车速/(km/h)	30	40	50	60	70	80
距停车线最小距离/m	50	65	85	110	140	165

④确认人行横道信号灯的绿灯时长是否满足行人过街需求。

根据《人行横道信号灯控制设置规范》(GA/T 851—2009)的规定，人行横道信号灯的绿灯时长为保证红灯期间等待过街的全部行人安全过街所需的时间。通常人行横道信号灯的绿灯时长 $T_{绿}$ 应至少保证：

$$T_{绿} > t = S / V$$

式中，S 为人行横道所在道路两侧路缘石(或延长线)之间的距离；V 为行人过街速度，日间可按 $V = 1.2\text{m/s}$、夜间可按 1.5m/s 计算；t 为正常成年人步行过街的实际时长。

8. 测量安全行车视距范围

行车视距是指汽车在行驶中，当发现障碍物后，能及时采取措施，防止发生交通事故所必需的最小距离，如图 3-18 所示。行车视距的测量，有利于据以分析确定肇事车辆在事故发生前驾驶人的反应和采取措施情况等。

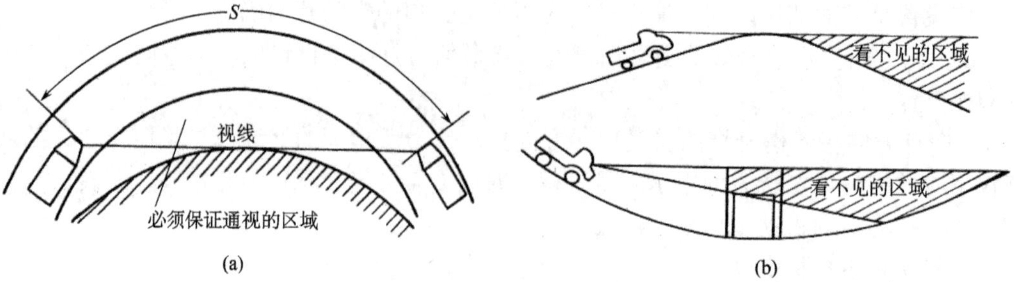

图 3-18　安全行车视距示意图

安全行车视距范围的测量方法如下：以驾驶人驾驶车辆时的眼睛高度，顺着车辆左前轮行驶轨迹的内侧移动，并观察事故对方车辆或人员运行轨迹上的事物，确定并测量驾驶人发现对方或采取制动措施时所处的位置及其所能够看到的相关空间范围。测量道路是否符合安全行车视距要求，通常采用最大横净距法和视距包络图法进行判别。

(1) 最大横净距法。

横净距是指道路曲线最内侧的车道线行车轨迹与设计视距两端点连线所构成的曲线内侧空间的界限线的距离，如图 3-19(a)所示。该方法用于清除距离视点轨迹线小于最大横净距的分散型障碍物，如独立建筑物等。图 3-19(b)中阴影部分是阻碍驾驶人视线的范围，范围以内的障碍物都应清除。S 为内侧车道上车辆应保证的视距，Z 称为最大横净距，若道路上有横净距小于最大横净距 Z，则行车视距不能得到保证。

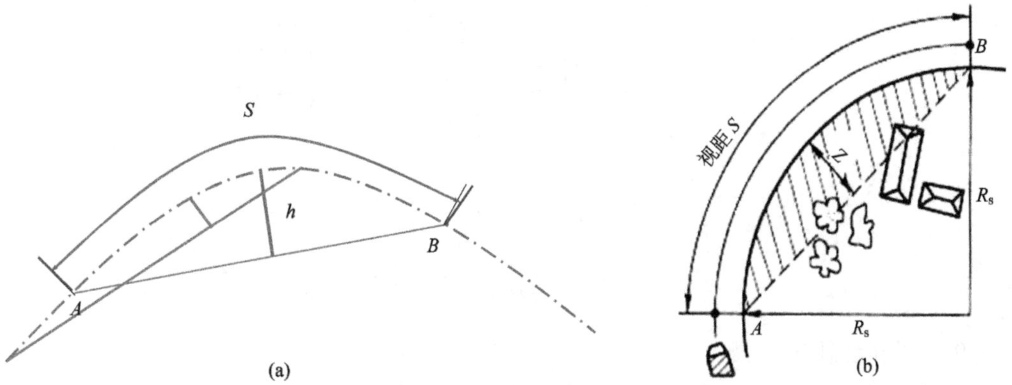

图 3-19　最大横净距法清除视距障碍

(2) 视距包络图法。

在驾驶人视点轨迹线上每隔一定间隔绘出一系列的视距线，视距线相互交叉而形成的外边缘线作为清除障碍的界限，如图 3-20 所示。该方法用于清除视距包络曲线与视点轨迹线之间的连续障碍物，如路堑边坡等。

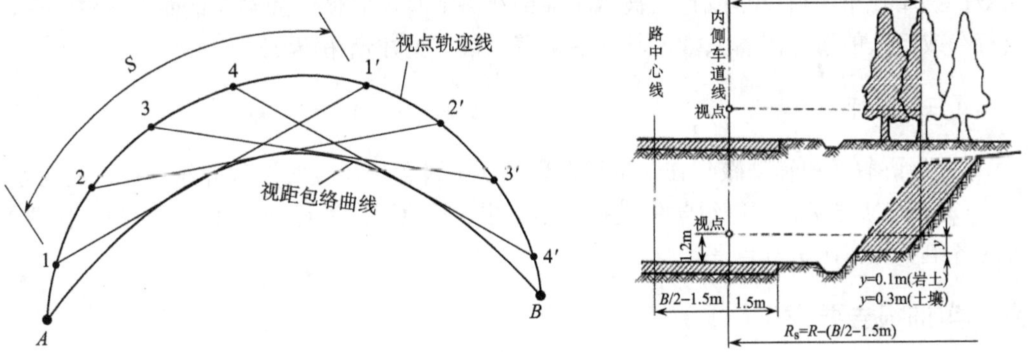

图 3-20　视距包络图法清除视距障碍

(3) 平面交叉口行车视距的测量。

为了保证交叉口上的行车安全，驾驶人在进入交叉口前的一段距离内，应能看到相交道路上的行车情况，以便能及时采取措施顺利驶过或安全停车。这段必要的距离应该大于或等于停车视距。

由相交道路上的停车视距所构成的三角形称为视距三角形，在其范围内不能有任何阻挡驾驶人视线的障碍物，如图 3-21 所示。视距三角形应以最不利的情况进行绘制，具体测量方法和步骤详见知识拓展 1。

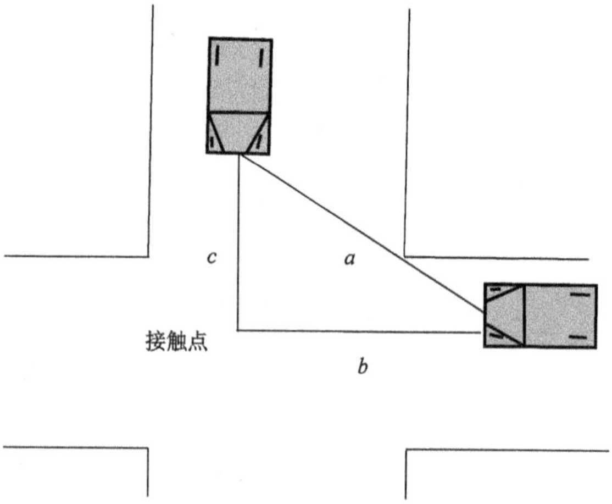

图 3-21 交叉口的行车视距三角形示意图

9. 检测路面附着系数

路面附着系数是交通事故案例分析最重要的参数。附着系数与路面材料、路面状况、事发时的气候条件有关。此外，事故形态不同，采用的附着系数也不同，如在道路上轮胎抱死滑移时应使用纵向滑移附着系数；当汽车受到正面碰撞时，产生横向滑移附着系数；横向滑移附着系数要比纵向滑移附着系数略高。当汽车被迫追尾碰撞时，被碰撞车驾驶人没有采取制动措施，应当使用轮胎自由转动的附着系数，即滚动阻力系数；当汽车在驱动状态和制动状态(轮胎没有抱死之前)时，应当使用具有一定滑移率的纵向附着系数；当摩托车、自行车或行人被汽车撞倒在路上时，应使用翻倒在地面上的摩托车、自行车或行人的滑移附着系数。具体的附着系数详见知识拓展 2。

（三）教师点评

(1) 主讲教师和辅助教师在学生进行现场实训过程中，及时发现并纠正存在的问题。

(2) 在实训结束后，每组学生进行总结汇报，其他学生进行补充和纠正，最后授课教师对各组实训情况进行点评。

六、实训报告要求

1. 以小组为单位提交实训材料。实训材料包括：

(1) 实训报告；

(2) 道路交通事故现场图；

(3)《道路交通事故现场勘查笔录》的第一页；
(4)交通信号灯相位及配时记录表(表 3-3)；
(5)一组反映事故现场附近交通信号(标志、标线、信号灯)信息的照片和视频。

表 3-3　交通信号灯相位及配时记录表(范例)

路口名称	路口类型	各进口方向信号灯灯具类型			
		东进口	西进口	南进口	北进口
××-××路口	十字	←●	←●	●	●
相位、相序		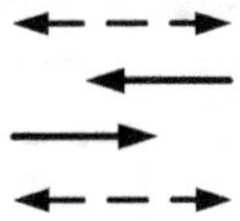	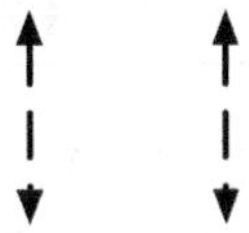	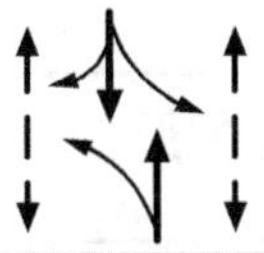	
观察日期及时间	相位时长(行人过街时长)/s	相位时长(行人过街时长)/s	相位时长(行人过街时长)/s	相位时长(行人过街时长)/s	周期/s
2017 年 3 月 15 日 12:00—12:15	29(0)	47(47)	10(10)	28(28)	114

2. 要求

(1)实训报告格式符合本课程实训报告统一要求，应当规范、完整记录实训过程，认真总结实训过程中遇到的问题，阐述实训体会。

(2)照片、视频应符合《道路交通事故现场勘验照相》(GA 50—2014)的归档要求。

知识拓展 1：交叉路口行车视距和识别距离测量方法①

(一)交叉口行车视距的测量

步骤一：确定停车视距 S。

停车视距 S 可以分解为驾驶人反应距离 S_1、制动距离 S_2 和安全距离 S_3，即 $S=S_1+S_2+S_3$。

(1)反应距离 S_1 是指当驾驶人发现前方有障碍物，经过判断决定采取制动措施的那一瞬间到制动器真正开始起作用的那一瞬间车辆行驶的距离，又可细分为感觉时间和制动反应时间。一般情况下，设计上采用感觉时间为 1.5s，制动反应时间为 1s。那么在这个时间内车辆行驶的距离 S_1 为

$$S_1=\frac{V}{3.6}t$$

(2)制动距离 S_2 是指车辆从制动生效到车辆完全停止这段时间内驶过的距离。车辆在制动过程中(仅考虑坡度阻力和路面阻力因素)的制动距离 S_2 为

①周志坚，徐宇飞. 道路勘测设计. 北京：科学出版社，2005: 62-65.

$$S_2 = \frac{V^2}{254(\varphi \pm i)}$$

式中，V 为制动初速度(km/h)，当路段设计车速为 80 ~ 120 km/h 时为其 85%；当路段设计车速为 40 ~ 60 km/h 时为其 90%；当路段设计车速为 20 ~ 30 km/h 时为其 100%。

i 为线路纵坡值，上坡为“+”，下坡为“−”。

φ 为路面与轮胎之间的纵向摩阻系数。因轮胎新旧、路面、制动条件等的不同而异，计算停车视距一般按路面潮湿状况考虑，见表 3-4。

表 3-4　不同车速下的路面纵向摩阻系数值

行车速度/(km/h)	120	100	80	60	50	40	30	20
φ	0.29	0.31	0.31	0.33	0.35	0.38	0.44	0.44

(3) 安全距离 S_3 是指车辆完全停止时与障碍物之间的距离，由于车辆在实际行驶时的速度与道路设计车速可能存在差异，一般可取 5 ~ 10 m。

(4) 停车视距 $S = S_1 + S_2 + S_3$，即

$$S = \frac{V}{3.6}t + \frac{V^2}{254(\varphi \pm i)} + S_3$$

公路和城市道路停车视距分别见表 3-5 和表 3-6。

表 3-5　公路停车视距

计算行车速度/(km/h)	120	100	80	60	40	30	20
停车视距/m	210	160	110	75	40	30	20
货车停车视距/m	245	180	125	85	50	35	20

表 3-6　城市道路停车视距

计算行车速度/(km/h)	80	60	50	45	40	35	30	25	20	15	10
停车视距/m	110	70	60	45	40	35	30	25	20	15	10

(5) 货车停车视距的坡度修正。货车停车视距在下坡路段，应随坡度值的大小进行修正，其修正值如表 3-7 所示。

步骤二：找出行车最危险冲突点。

不同形式交叉口的最危险冲突点的找法不尽相同。常见十字形和 T 字形(或 Y 形)交叉口的最危险冲突点可按下述方法寻找。对于十字形交叉口，最靠右侧第一条直行机动车道的轴线与相交道路最靠中心线的第一条直行车道的轴线所构成的交叉点为最危险冲突点。对于 T 字形(或 Y 形)交叉口，直行道路最靠右侧第一条直行车道的轴线与相交道路最靠中心线的第一条左转车道的轴线所构成的交叉点为最危险冲突点。

步骤三： 以最危险冲突点为顶点，沿两条车道中线按其限制车速行驶所需要的安全停车视距长度为两边，连接末端构成视距三角形。

表 3-7　货车停车视距

设计车速/(km/h) 停车视距/m 纵坡坡度/%		120	110	100	90	80	70	60	50	40	30	20
下坡	0	245	210	180	150	125	100	85	65	50	35	20
	3	265	225	190	160	130	105	89	66	50	35	20
	4	273	230	195	161	132	106	91	67	50	35	20
	5		236	200	165	136	108	93	68	50	35	20
	6				169	139	110	95	69	50	35	20
	7								70	50	35	20
	8										35	20
	9											20

(二) 交叉口识别距离的确定

为保证车辆安全顺利通过交叉口，应使驾驶人在交叉口之前的一定距离能识别交叉口的存在及交通信号和交通标志等，这一距离称为识别距离。该识别距离随交通管制条件而异。

1. 无信号控制的交叉口

对任何无信号控制的交叉口，通常都是等级低、交通量小及车速不高的次要交叉口，识别距离应满足安全要求，可采用各相交道路的停车视距，见表 3-8。

表 3-8　交叉口的识别距离①　　（单位：m）

计算行车速度/(km/h)	信号控制交叉口			停车标志控制交叉口		
	公路	城市道路		公路	城市道路	
	计算值	采用值	计算值	计算值	采用值	计算值
80	348	350	—	—	—	—
60	237	240	171	170	104	105
40	143	140	99	100	54	55
30	102	100	68	70	35	35
20	64	60	42	40	19	20

2. 有信号控制的交叉口

对有信号控制的交叉口，在车辆正常行驶条件下，识别距离为使驾驶人能看清交通信号和显示内容，能有足够时间制动减速直至停车的距离，但这种制动停车并非紧急制

①周志坚，徐宇飞. 道路勘测设计. 北京：科学出版社，2005: 298-299.

动。因此，有信号控制交叉口的识别距离可用下式计算：

$$S_s = \frac{V}{3.6}t + \frac{V^2}{26a}$$

式中，S_s 为交叉口的识别距离(m)；V 为路段计算行车速度(km/h)；a 为减速度(m/s^2)，取 $a=2m/s^2$；t 为识别时间(s)。

识别时间 t 包括驾驶人的反应时间和制动生效时间。在公路上识别时间可取 10s；在城市道路上因交叉口较多，驾驶人对其存在已有思想准备，识别时间可取 6s。

3. 有停车标志控制的交叉口

对有停车标志控制的交叉口，一般为主要道路与次要道路交叉，主次关系明确，而且对标志的识别要比对信号容易，可采用有信号控制交叉口的识别距离的计算公式以及识别时间为 2s 计算。信号控制及停车标志控制交叉口的识别距离见表 3-8，在此范围内不能有任何障碍物。

知识拓展 2：道路附着系数①

（一）纵滑附着系数 φ

轮胎抱死状态，在路面上纵向滑移时的附着系数，称为纵滑附着系数。纵滑附着系数 φ 与路面的粗糙度、路面的湿润状态(干、湿、积水、结冰、是否有泥土和温度等)、轮胎状态(轮胎气压、轮胎类型、花纹、磨损程度)、制动初速度等有关。

干燥的路面比湿润的路面纵滑附着系数大，且随制动初速度的增大而减小。随着路面温度的升高，纵向附着系数略有下降，并与汽车的行驶速度和路面的干湿状态有关。轮胎磨损的差异：干燥的路面上，随着轮胎沟槽磨损程度的增加，纵滑附着系数增大；湿润的路面上，随着轮胎沟槽磨损的加剧，纵滑附着系数明显下降。一般新铺装的沥青和混凝土干燥路面有较高的纵滑附着系数，而冰、雪路面纵滑附着系数最小，制动的初速度增高也会使纵滑附着系数下降，详见表 3-9。

表 3-9 路面施工方法及状态与纵滑附着系数的关系

路面的施工方法及状态 \ 制动初速度		干燥		湿润	
		48km/h 以下	48km/h以上	48km/h以下	48km/h以上
混凝土	新铺装	0.80～1.00	0.70～0.80	0.50～0.80	0.40～0.75
	路面磨耗较小	0.60～0.80	0.60～0.75	0.45～0.70	0.45～0.65
	路面磨耗较大	0.55～0.75	0.50～0.65	0.45～0.65	0.45～0.60
沥青	新铺装	0.80～1.00	0.65～0.70	0.50～0.80	0.45～0.75
	路面磨耗较小	0.60～0.80	0.55～0.70	0.45～0.70	0.40～0.65
	路面磨耗较大	0.55～0.75	0.47～0.65	0.45～0.65	0.40～0.60
	焦油过多	0.50～0.60	0.35～0.60	0.30～0.60	0.25～0.55

①许洪国，何彪. 道路交通事故分析与再现(修订本). 北京：警官教育出版社，2000: 130-134.

续表

路面的施工方法及状态 \ 制动初速度		干燥		湿润	
		48km/h 以下	48km/h以上	48km/h以下	48km/h以上
其他	砂石路面	0.40～0.70	0.40～0.70	0.45～0.75	0.45～0.75
	灰渣路面	0.50～0.70	0.50～0.70	0.65～0.75	0.65～0.75
	冰路面	0.10～0.25	0.07～0.20	0.05～0.10	0.05～0.10
	雪路面	0.30～0.55	0.35～0.55	0.30～0.60	0.30～0.60

道路的情况是相当复杂的，如气候、温度、路面材料、施工方法、磨损程度等，按表 3-9 选取纵滑附着系数，需要有一定的实践经验，否则可能出现较大的误差。为了使所选取的纵滑附着系数尽可能地接近事故现场，尚可用下列的简易试验方法估算。

(1) 使用带有校定车速里程表的车辆，按肇事车行驶的方向，在同一路面上进行制动试验，测量拖印长度，计算道路的附着系数。

(2) 试验车速要控制在 40 km/h 以上，将车辆加速到比试验速度高 3～5 km/h，然后松开加速踏板，使车辆滑行到试验速度，突然紧急制动，使车辆停止、熄火，并用手制动使车停稳。

(3) 选择四个轮胎拖印中最长的一条，测量拖印长度，注意拖印的开始点在有明显的印痕之前，即路面出现刻痕或有路面擦损处。

(4) 用下式计算道路的纵滑附着系数：

$$\varphi = \frac{V^2}{2gS}$$

式中，V 为制动初速度 (m/s)；S 为拖印长度 (m)；g 为重力加速度。

(5) 该试验要进行 2～3 次，比较每次的试验结果。2 次试验的拖印长度误差不能大于 5%。

(二) 横滑附着系数 φ'

轮胎在路面上横向滑移时的附着系数，称为横滑附着系数。横滑附着系数比纵滑附着系数略大些，其公式为

$$\varphi' = 0.97\varphi + 0.08$$

式中，φ' 为横滑附着系数；φ 为纵滑附着系数。

(三) 特殊附着系数

在交通事故分析中，当自行车或行人被汽车撞倒在路上时，往往要在路上滑移一段距离后才能停止。在进行能量计算时要确定翻倒在地面上的摩托车、自行车或行人的滑移附着系数，称为特殊附着系数。

一般摩托车和自行车翻倒在路面上滑移时，对于干燥路面可取 0.3；对于湿润路面可适当取略小些的数值。而行人被撞倒在干燥的铺装路面上滑移时，可取 0.5；湿润的路面

也可取略小些的数值。

（四）制动时的附着系数

制动时，轮胎与地面有相对的滑移，其滑移率为

$$\varepsilon = \frac{V - \omega R}{V} \times 100\%$$

式中，ε为滑移率；V为汽车的行驶速度(m/s)；R为轮胎的有效半径(m)；ω 为轮胎的回转角速度(rad/s)。

滑移率小于 0.2 时，纵向附着系数(注意不是纵滑附着系数)随着滑移率的增加而增加。滑移率大于 0.3 之后，纵向附着系数随着滑移率的增加而明显下降，当滑移率为 1 时，为纵滑附着系数。

（五）轮胎自由转动时的附着系数

在追尾碰撞中，被碰撞车由于认知得比较晚，在碰撞前多数不会采取制动措施，故在能量计算中被碰撞车必须用轮胎自由转动时的附着系数，即滚动阻力系数 f，见表 3-10。

表 3-10　路面状况和滚动阻力系数

路面状况	滚动阻力系数 f
良好的平滑沥青铺装路	约 0.010
良好的平滑混凝土铺装路	0.011
良好的粗石混凝土铺装路	0.014
良好的石块铺装路	0.02
修正好的平坦无铺装路	0.04
修正不良的石块铺装路	0.08
新的砂路	0.12
砂或石质路	0.16
松散的砂石或黏土道路	0.2～0.3

实训项目四　道路交通事故现场地面痕迹物证勘验

一、实训目的

（一）知识方面

了解交通事故现场地面痕迹的特征，掌握地面痕迹物证的分类和提取方法，巩固课堂所学的交通事故现场地面痕迹物证勘验方法。

（二）能力方面

巩固和消化所学相关理论知识；能够根据轮胎痕迹来正确判断车辆的轮距、轮胎规格以及车辆行进方向。

（三）素质方面

提高学生的实践能力、学习兴趣，培养学生细致严谨、实事求是的科学态度和精益求精的工作作风及勇于探索的求实精神。

二、道路交通事故现场地面痕迹物证勘验导引

（一）地面轮胎痕迹辨识

1. 滚印

滚印指车辆轮胎相对于地面作纯滚动运动时，留在地面上的痕迹。地面轮胎滚印的特征是：能够清晰地反映出轮胎胎面的花纹形态特征、花纹组合特征及胎面磨损和机械损伤特征。

滚印的一个显著特征是胎面上有某些特征点会周期性(每隔一车轮周长)在痕迹的对应部位出现，这是据以推断轮胎尺寸的重要依据。当轮胎滚动时，在纵向力作用下，胎面纵向变形，轮胎留在地面上的花纹尺寸略有变化，但变化不大。

根据滚印可以确认车辆行驶方向、路线，轮胎种类、规格；根据同一车辆的滚印可以推算车辆的轮距，也可以判定车辆的轮距，从而判定车辆大小类别。

2. 制动压印与加速压印

压印是指轮胎在滚动和滑动混合状态下，胎面花纹在地面上形成的痕迹，主要是车辆制动或加速过程中产生的制动压痕。

压印的特征为胎面花纹痕迹在车辆行进方向有所延长。从痕迹形态上看，压印介于滚印与拖印之间，压印与滚印相比，花纹较模糊、颜色较深；与拖印相比，则颜色较浅，且能在一定程度上显示胎面花纹。压印宽度近似等于胎面宽度，随轮胎滑移率变化，压印会显示出模糊程度不同的胎面花纹，花纹的模糊程度与轮胎滑移率成正比。

根据压印除了可以确认车辆行驶方向、路线，轮胎种类、规格，以及可以判定车辆的轮距、车辆大小类别，还可以确认车辆有过制动过程。

加速压印的特征与制动压印相同。

3. 制动拖印与起步滑印

拖印指车辆轮胎受制动力作用，沿行进方向相对于地面作滑移运动时，留在地面上的痕迹。拖印的特点是痕迹呈带状而不能显示胎面花纹；痕迹宽度和轮胎宽度一致。轮胎气压不足时，轮胎痕迹呈现中间模糊、两边清晰的状态；大多数情况下，前轮制动拖印也呈现这种状态。轮胎气压过高时，轮胎痕迹呈现中间清晰、两边模糊的状态；大多数情况下，后轮制动拖印也呈现这种状态。

起步滑印的特征与制动拖印相同。

4. 侧滑印

侧滑印指车辆轮胎受制动力或碰撞冲击力或转向离心力的作用，偏离原行进方向相对于地面作横向滑移运动时，留在地面上的痕迹。侧滑印的特征为印迹宽度一般大于或小于轮胎胎面宽度，一般不显示胎面花纹。

5. 装备 ABS 车辆的制动印

当汽车制动时，ABS(制动防抱死系统)发挥作用，它使车轮的滑移率保持在 15%～20%的范围内，所以留下压印(拖印)，制动效率为 90%～100%。ABS 印迹特征不明显，易消失；ABS 痕迹勘查要求快速，而且要具备良好的光线、较低的视角以及受限的路面条件。

(二) 交通事故现场地面痕迹物证勘验相关技术标准

交通事故现场地面痕迹物证勘验是指交通事故勘验人员按照规定的程序，运用一定的方法及科学技术手段对交通事故痕迹物证进行发现和确认、固定、保全、提取与测量，对痕迹物证技术特征进行确认等工作。在开展交通事故现场地面痕迹物证勘验时遵从的技术标准见表 4-1。

表 4-1 交通事故现场地面痕迹物证勘验相关技术标准表

标准代号	标准名称
GA 49—2014	《道路交通事故现场图绘制》
GA/T 1087—2013	《道路交通事故痕迹鉴定》
GA 41—2014	《道路交通事故痕迹物证勘验》
GA 50—2014	《道路交通事故现场勘验照相》

三、实训内容与要求

(一) 实训内容

对模拟的交通事故现场进行轮胎的滚印、压印、拖印、侧滑印等地面痕迹以及地面上的毛发、血迹、油漆片等散落物实地观察、测绘、记录、拍照。

（二）实训要求

勘验人员应根据各类交通事故的特点，仔细观察交通事故痕迹和物证的形态及特征，勘验交通事故现场痕迹、物证。

(1)勘验发生交通事故的事故车辆、人员、现场路面和有关物体及其状态、痕迹位置。

(2)勘验发生交通事故的事故车辆、人员行进路线的痕迹、物证。

(3)勘验事故车辆、人员、现场路面、有关物体接触部位、受力方向及有关的地面遗留物；在事故接触部位及周围寻找事故可疑物，重点勘验第一次接触的痕迹、物证及其相对位置。

(4)勘验中发现痕迹为承受体的，应勘验、确定相应的造型体，勘验、确定造型体和承受体的接触部位。当连续发生多次接触时，应准确认定造型体和承受体第一次接触时的具体部位。

(5)勘验中应测量事故车辆、人员、现场路面及有关物体的相对位置，并进行定位，明确基准，测量各类痕迹的位置、形状、尺寸等；测量时应以道路边缘、标线、车辆的一侧或地面为基准。测量可用钢卷尺、激光测距仪、超声波测距仪或摄影测量等方法。测量的最小计量单位为厘米。测量误差为：距离小于 50cm 时，最大误差允许为 0.5cm；距离为 50cm～10m 时，最大误差不得超过 1%；距离超过 10m 时，最大误差不得超过 10cm。

(6)勘验中应首先使用照相法固定和提取有价值的痕迹及物证。测量大面积的痕迹、物证，应在被照物旁放置相应的比例尺，对于微量痕迹、物证，应在被照物旁放置 10cm 长带毫米刻度的比例尺，比例尺应放置在痕迹、物证旁 1cm 以内，与痕迹、物证处于同一平面，刻度一侧朝向痕迹、物证，不得遮掩，妨碍观察；提取时应尽量不损坏提取物，并注明提取物名称、提取人、提取时间、地点、部位、天气、提取方法等情况。对提取的微量痕迹、物证要妥善保管，及时送检。

(7)痕迹、物证位置、种类、形状、尺寸等的勘验和提取应在交通事故现场勘验笔录中载明。

四、实训场地与器材

实训场地：篮球场或者宽阔的沥青路面。

实训器材：不带 ABS 的汽车和带 ABS 的汽车各 1 辆，交通事故现场勘查箱 25 个，照相机 25 台，油漆片、碎玻璃、毛发、油脂、汽车零部件等若干。

五、实训步骤和方法

（一）实训准备

1. 实训情境设定

时间：20××年××月××日上午(下午)×时×分

地点：国道××线××km+××m

交通事故概况：根据情况选择设置汽车正面碰撞的现场、汽车碰撞行人现场、汽车与两轮车碰撞现场、汽车侧面碰撞现场、汽车单车事故现场、逃逸事故现场、高速公路事故现场等模拟现场。

2. 布置模拟事故现场

实训教师在实训场布置交通事故模拟现场，布置模拟现场应注意保证相关的交通元素齐全，基本符合事故发生规律。如人体位置、路面遗留的血迹位置、地面轮胎痕迹及现场环境、标志标线和相关物体等。

3. 分组和分工安排

将学生分成若干人一组，每组发放交通事故现场勘查箱 1 个和照相机 1 台。每个交通事故模拟现场安排 6～7 组学生开展实训，实行流水作业，每组勘查完一个模拟现场登记勘查时间后转到下一个模拟现场进行实训。

（二）地面轮胎痕迹勘验

(1) 勘验地面轮胎痕迹的种类、形状、方向、长度、宽度、痕迹中的附着情况，以及轮胎的规格、花纹等。

(2) 交通事故逃逸现场应勘验逃逸车辆两侧轮胎痕迹的间距和前后轮胎痕迹止点的间距，判明逃逸车辆的类型和行进方向。

(3) 滚印、压印、拖印、侧滑印及痕迹突变点应分别勘验；弧形痕迹应分段勘验；轮胎跳动引起的间断痕迹应作为连续痕迹勘验，根据需要记录间断痕迹之间的距离。

(4) 根据装备 ABS 车辆制动痕迹多为压印，偶尔为轻微拖印，且轻淡、不易发现，以及易消失等特征，及时、仔细勘验痕迹的起止点。

（三）地面其他痕迹物证勘验

(1) 勘验车辆或其他物体留在地面上的挫划痕迹的长度、宽度、深度，以及痕迹中心或起止点距道路边缘的距离；确定痕迹的造型体。

(2) 勘验与交通事故有关的地面散落物、血迹、类人体组织等的种类、形状、颜色及分布位置；确定主要散落物第一次着地点和着地方向。

(3) 水泥、沥青、块石路面上的痕迹被尘土、散落物覆盖时，在不妨碍其他项目勘验的前提下，可照相后清除覆盖物再勘验。

(4) 根据需要制作痕迹模型，提取地面的橡胶粉末、轮胎的橡胶片、轮胎胎面上的附着物等，进行检验、鉴定。

（四）地面痕迹物证提取

交通事故痕迹的提取方式一般采用照相、绘制现场图和现场勘验笔录的方式进行。

(1) 固定痕迹的原始位置（部位、高低）。

(2) 痕迹的细目照相（比例尺、角度、打光、清晰度）。

(3) 明确多个痕迹之间的位置关系。

(五)教师点评

(1)主讲教师和辅助教师在学生进行现场实训过程中，及时发现、纠正在现场测绘图过程中存在的问题。

(2)在实训结束后，每组学生进行总结汇报，其他学生进行补充和纠正，最后授课教师对各组实训情况进行点评。

六、典型情境实训操作过程示例

(一)实训准备

1. 实训情境设定

时间： 20××年××月××日上午(下午)×时×分

地点： 国道××线××km+××m

交通事故概况： 小客车碰撞大货车交通事故现场。一辆小客车从道路北侧越过道路中心线下逆行与一辆大货车迎面相撞，造成两车驾驶人受伤、车辆受损的交通事故。

2. 布置模拟事故现场

实训教师在实训场布置交通事故模拟现场，布置模拟现场应注意保证相关的交通元素齐全，基本符合事故发生规律。实训现场布置图见图 4-1。

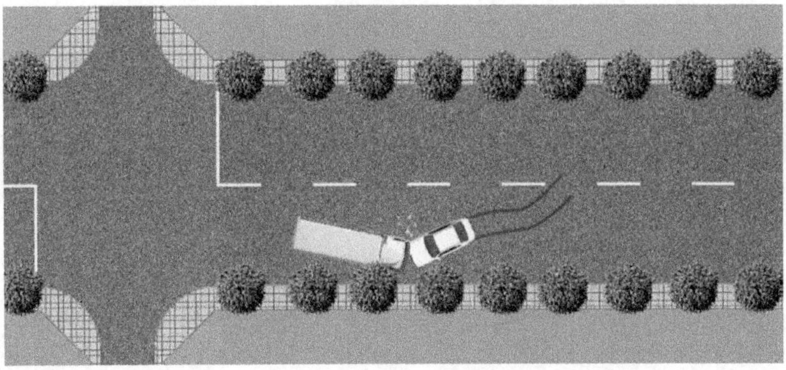

图 4-1　实训现场布置图

3. 分组和分工安排

将学生分成 4 人一组，每组学生携带交通事故现场勘查箱和照相机依次进入交通事故模拟现场进行现场勘查实训，1 人负责现场照相，2 人负责现场测量，1 人负责记录；未进入现场的学生在模拟现场边界外面等候，前一组学生勘查结束，换下一组学生进入交通事故模拟现场进行现场勘查实训，实行流水作业。

(二)现场勘验

1. 地面轮胎痕迹勘验

大货车无制动印迹，小客车有两条弯曲制动印迹，轮胎印迹由后轮形成，未见前轮制动印迹，左侧轮胎制动印迹总长度为10m，右侧轮胎制动印迹总长度为11m，两侧轮胎制动印迹的宽度为175mm，间距为1700mm，印迹均匀、连续，符合制动拖印特征。

2. 地面其他痕迹物证勘验

在大货车与小客车车头接触点北侧有汽车车灯部位玻璃及塑料碎块散落在地面上，分布区域呈圆形，半径30cm，中心点距两车接触点10cm。

3. 地面痕迹物证提取

在勘验前，分别对车辆位置、散落物位置及制动印迹进行了拍照提取，勘验后，对散落在地面上的玻璃碎片及塑料碎片分别进行了提取，提取工具为金属镊子；提取的玻璃碎片保存在了塑料瓶里，提取的塑料碎片保存在了玻璃瓶里；一共提取了两种玻璃碎片和两种塑料碎片，分别编号保存。

七、实训报告要求

(1) 以小组为单位提交实训报告。

(2) 实训报告格式符合本课程实训报告统一要求(见附录)。

(3) 实训报告内容应当规范、完整记录实训过程，认真总结实训过程中遇到的问题，阐述实训体会。

实训项目五　道路交通事故车体物证勘验

一、实训目的

（一）知识方面

了解车体物证的概念、种类及其形成的运动学规律，掌握交通事故车体物证提取、保全的基本知识。

（二）能力方面

理解道路交通事故车体物证勘验的基本要领，掌握道路交通事故车体物证勘验的步骤、内容和方法，能够规范提取、保全车体物证，具备勘验车体物证的能力；掌握车体碰撞痕迹、车体碰撞附着物、车体碰撞散落物等物证提取的基本技术。

（三）素质方面

培养在交通事故处理工作中的证据意识，物证勘验全过程接受合法监督的理念，取证中做到忠于职守、清正廉洁、认真细致、规范操作的理念要求。

二、道路交通事故车体物证勘验导引

（一）车体物证的概念

车体物证是交通事故物证中最重要的一类物证。车体物证是指存在于交通事故中，能够依法收集、获取的，由车体碰撞作用所产生的或与车体有关的能够证明交通事故真实情况的痕迹、物质、物品。

（二）车体物证的种类

1. 车体碰撞痕迹物证

车体碰撞痕迹的形成过程也是一个物质重复再现的过程，是造型体的外部结构特征于承受体上再现的过程。

(1) 形象结构痕迹物证。

车辆碰撞形象结构痕迹是车辆或被碰撞客体物将其接触部位外部结构形态留在对方接触部位的一种反应形象，主要有接触部位的变形（凹陷、塌陷）痕迹、破损痕迹（孔洞等）、擦刮痕迹。车辆碰撞形象结构痕迹是交通事故中出现频率很高的车体碰撞痕迹，它能直接反映造痕体接触部位的外部结构特征，是一种具有较大证据意义的车体物证。车体正面碰撞的形象结构痕迹物证如图 5-1 所示。

图 5-1 车体正面碰撞的形象结构痕迹物证

(2) 整体分离痕迹物证。

整体分离痕迹是指客体在外力作用下，被分离或拆离为部分，在分离的断面所形成的分离或拆离痕迹。在车体物证中，碰撞整体分离痕迹可以进行从部分到整体的同一认定，是确定肇事车辆与案件关联性的重要依据之一。逃逸事故整体分离痕迹与车体散落物比对勘验如图 5-2 所示。

图 5-2 逃逸事故整体分离痕迹与车体散落物比对勘验

2. 车体碰撞附着物物证

车体碰撞附着物物证是车体和被碰撞客体物发生碰撞运动，在车体或被碰撞客体物表面接触部位附着来自对方的物质，作为车体碰撞物证的碰撞附着物质，既有微量的，也有非微量的，被碰撞客体物上必然存在的碰撞附着物物证，主要是来自碰撞车辆的油漆物质、玻璃物质、金属物质等，如图 5-3 所示。

图 5-3　与红色牵引车碰撞后，两辆小型客车附着红色车漆

3. 车体碰撞散落物物证

在交通事故现场，因车体与被碰撞客体物发生碰撞，车体或被碰撞客体物的某些部件或物质散落在交通事故现场，这些散落的部件或物质就是车体碰撞散落物物证。如车辆碰撞造成损坏脱离而散落在交通事故现场的车辆部件、玻璃碎片、油漆碎片以及车辆装载物等。

4. 车体内物证

车体内的物证往往是确定事故肇事人及其驾驶行为的有力证据，如车速表指针位置、挡位、气囊、安全带、方向盘、变速杆、驾驶室门和脚踏板等处的手、足痕迹往往能够帮助勘查人员确定肇事车辆的驾驶人及其驾驶行为。

5. 车体零部件的损坏情况的相关物证

车体零部件有损坏、断裂、变形的，应详细观察、记录损坏、断裂、变形零部件的名称、部位、状态、受力部位、受力方向，并初步分析判断其损坏原因。

(1) 如果车辆起火燃烧的，应查明火源的起点及着火的原因。

(2) 如果事故的发生可能与车辆照明系统的工作情况有关的，应提取车辆的灯泡、灯丝及其碎片，分析判断灯泡在事故发生时的工作情况。

(3) 如果事故的发生可能与车辆损坏的零部件有关的，应当提取该零部件，留作物证。

(三) 车体物证的提取

1. 车体碰撞痕迹物证的提取

(1) 车体碰撞痕迹物证的直接提取。

车体碰撞痕迹是交通事故中最常见的物证，对于体积较小的原始物，如体积相对较小的被碰撞客体物，可以将其上的车体碰撞痕迹和整个承痕体全部直接提取；若车辆和被碰撞客体物的承痕部位为可拆卸或可分割的部分，可以采用拆卸和分割的方法将承痕部位拆卸或分割下来加以提取。

(2) 照相或录像提取。

对于不能直接提取的车辆碰撞痕迹物证，就需要借助相应的工具仪器，采用相应的技术手段进行提取，这就是车体碰撞痕迹物证的间接提取。例如，对被碰撞的较大的道路交通设施上的车体碰撞痕迹，就不能直接提取原物，而要采取间接提取的方法。采用照相或录像的方法提取车体碰撞痕迹物证，快速准确，能很好地反映车体碰撞痕迹的真实情况，便于长期保存，在采取其他方法进行提取前应先进行照相或录像加以固定记录，同时进行必要的测量。

(3) 硅橡胶提取法。

硅橡胶是一种有机硅化合物，白色黏稠状的液体，固化后有较强的弹性和韧性，不容易断裂，塑型细致，能反映出车体碰撞痕迹的细微特征，适用于提取深浅不同、面积大小不等的车体碰撞痕迹，具体使用时应根据痕迹的大小，用专用工具取适量的硅橡胶，按硅橡胶 100mg、二月桂酸二丁基锡 2.5mL、二氯甲基三乙氧基硅烷 4mL 的比例调制成硅橡胶浆，将调制好的硅橡胶涂注于所要提取的痕迹上，等固化后，从边缘轻轻掀起，取下模型，保存备用。

(4) 硬塑料提取法。

硬塑料又称打样膏，主要成分是黄蜡、松香、石蜡和填充物，使用时先把硬塑料放入温水中，使其软化后取出，甩掉表面水珠，在一块平板上压出一个平面，将此平面覆盖在涂有甘油的痕迹上，均匀压实，冷却定型后即可取出。此方法可以提取车辆或者物体表面较大面积的痕迹。

(5) 醋酸纤维素薄膜法。

醋酸纤维素薄膜又称 AC 纸，提取痕迹时，取面积稍大于痕迹的 AC 纸一片，用镊子夹住薄膜的一角，浸泡在丙酮溶液中 3～5 分钟后取出，贴在痕迹上，表面再附一层干的 AC 纸，用拇指压实，使两片薄膜黏合在一起，大约 10 分钟取下，所要提取的车体碰撞痕迹即在 AC 纸上印制成膜。这种方法适用于提取金属车体表面细小的擦划痕迹，不适用于提取表面粗糙、有毛刺及凹陷较深的车体碰撞痕迹。

2. 车体碰撞附着物物证的提取

(1) 对于黏附在小物品或可拆卸的车辆零部件上的物质，应将该物品或零部件全部直接提取，提取时要尽量保持附着物在车辆或被碰撞客体物上的原始状况。

(2) 对于在碰撞中因溅洒而附着的油脂等物质，则用滤纸、纱布或脱脂棉擦取。

(3) 对于非黏附的一般附着物，若为不需要进行元素检测的片状或块状的一般附着物，则可以用金属镊子夹取，装入具塞玻璃试管或玻璃瓶、塑料管或塑料袋中；如果是需要进行元素检测的片状或块状一般附着物，如金属片、油漆片、塑料块等，则必须用非金属镊子进行夹取。对于非黏附的颗粒状的附着物，例如，车辆碰撞时，车体碰撞接触部位的油漆细小的碎片，或者金属碎屑附着在被碰撞客体物上，用镊子无法提取时，可将保存容器放在附着物下方接着，用牙签、针或其他锐器进行挑、拨、刮，使其脱落到保存容器内，也可用毛刷轻刷收集，但必须注意，用毛刷收集时，容易在物证中混入毛刷上的软毛纤维，检验时不能把这些软毛纤维误认为是车体碰撞物证。

(4) 对于那些不易夹取，又不适合挑、拨、刮的微小固体颗粒附着物，还可以用透明胶纸粘取，如车体上附着的玻璃颗粒等，一般将粘取的胶质反贴在生物显微镜用的载玻片上，再进行包装。

(5) 对非黏附的含有铁的金属片或金属颗粒物质，还可以用磁铁吸取，特别是含铁的金属片或金属颗粒与塑料、橡胶等其他不含铁的物质混存附着时，可以用磁铁将含铁的附着物提取，然后再用其他方法提取塑料、橡胶等其他物质。

3. 车体碰撞散落物物证的提取

车体碰撞散落物物证在交通事故现场一般都很常见，且容易被发现，提取交通事故中的车体碰撞散落物物证所要用到的方法较为灵活，但仍然是要能直接提取尽量直接提取，不能直接提取的再间接提取，间接提取的方法也是多种多样的，根据散落物物证和现场的不同状况，主要有：对于不需要进行金属元素检测的固体散落物物证，如玻璃块等可用金属镊子进行夹取；对于需要进行金属元素检测的固体散落物物证，可用非金属镊子夹取；对于不易夹取的微小散落物，如散落的车体油漆碎屑、玻璃颗粒等，可以用透明胶纸粘取。

三、实训内容与方法及步骤

(一) 实训内容

(1) 车辆碰撞痕迹非一次事故形成的车体物证勘验。

(2) 认定两轮车驾驶人的车体物证勘验。

(3) 多车追尾交通事故确认车辆碰撞顺序的车体物证勘验。

(4) 多车碰撞确认碰撞接触部位关系的车体物证勘验。

(5) 逃逸交通事故确认肇事车辆的车体物证勘验。

(二) 实训方法

1. 实训预习

授课教师告知参训学生本次实训的内容、要求，预习本次实训内容相关的教学内容并复习课堂笔记，熟读本次实训中所需器材的使用说明书。

2. 实训方法

(1) 规范讲解和演示车体物证勘验。

(2) 学生操作。

(3) 学生自评与互评。

(4) 教师点评。

(5) 学生思考及创新方法。

(三) 实训步骤

1. 训前准备

(1) 器材保障。

每次实训前后，授课教师安排一组学生前往实验室负责领取所需的各类实训器材并运送到实训场地，结束后再负责归还到实验室。

(2) 人员安排。

主训教师(及辅助教师)负责全程教训和监督。每次实训以一个区队为例，40 人，每个区队分为 8 个小组，每小组 5 人，每小组设立 2 名学生分别担任正、副组长；仪器、设备使用各有分工，也可交换使用，以能够熟练掌握全部相关仪器、设备的使用方法。

(3) 案情介绍。

主训教师根据校局合作单位提供的案源，进行案情介绍，可以介绍交通事故发生的具体情况、现有物证情况及通过车体物证勘验所要解决的问题，并说明通过车体物证勘验将要达到证明某个事实的目的。

2. 实训演示

主训教师在实训之初，本人播放视频，示范本次交通事故车体物证勘验的规范取证方法、程序及设备操作方法等。

主训教师在开始实训时，先通过规范的操作流程进行演示，然后将每个小组的组长，抽取组成第一特训小组开始实训，第一特训小组的训练过程必须非常详细和规范；训练过程中，如果出现偏差和失误，应当及时纠正并加以讲解。训练完成以后，马上让其再重复进行一次完整、规范的实训过程，确保第一特训小组的每位成员都确实掌握了车体物证勘验的程序及设备的操作方法。在第一特训小组训练过程中，其他学生现场观摩并做笔记，第一特训小组完成训练以后，该小组成员作为小教员，回到各个小组中进行示范与训练。

3. 学生操作

所有学生根据实际场景，进行车体物证勘验的规范实务操作，包括物证提取、测量、固定、拍照及实训报告制作等内容；各小组每次安排 5 名学生进行实务操作，其他学生观摩并记录，依次轮换。

4. 教师点评

(1) 主训教师在学生实务操作过程中进行巡视，及时发现并纠正学生实务操作中的不规范之处。

(2) 每名学生在实务操作之后，自我点评操作中的不足和失误，其他学生进行补充和纠正；主训教师可参与点评和记录学生的发言。本实训项目结束后，主训教师对各小组的实训过程进行归纳点评。

(3) 本次实训结束后，主训教师向学生布置课后作业。

四、实训场地与器材

（一）实训场地

1. 校内实训

根据场景和天气，选择校园道路或教室。校内道路，选择路幅较宽阔、能见度较好、人员通行较少的路段；雨天，可以在教室内运用多媒体教学设备，或利用 PC-CRASH 等仿真软件采用模拟场景，进行实训。

2. 校外实训

道路交通事故车体物证勘验实训主要应以实际交通事故车体为实训对象，需要校局合作单位进行配合，选择道路交通事故车辆停车场，尽可能距离校园较近。

（二）实训器材

多功能反光腰带、警用文书包、反光背心、单警执法视音频执法记录仪各 8 件；交通事故现场勘查箱 8 个（内装物证提取的相关器材）、（便携式）警务通、（数码）照相机各 8 件、无人机两台、反光锥筒 10 只、多段光源 8 套、交通事故车辆若干。除上述实训器材以外，主训教师另外需要提前与校局合作单位或相关部门协调，保障运送参训学生往返的交通工具，以 40 名学生参训为例，需要一辆 40 座以上的客车。

五、注意事项

（一）记录保全

在提取前要做好详细的记录，要及时记录提取车体碰撞物证的部位、名称，以免混淆。对于一些微量附着物，在提取前，应先照相或录像，以保存其原始状态和位置。提取后要妥善保管和送检。

（二）全面提取与重点提取

实践中，车体碰撞物证很多体积都较大，且数量较大、种类较多的车体碰撞物证在一个交通事故中往往同时出现，在全面提取且尽量直接提取的原则下，应根据交通事故现场的特点和车体碰撞物证的具体情况，找准重点部位，把握关键点，酌情提取最能反映案件真实情况、最有证明价值的车体碰撞物证。

（三）防止污染

需要特别注意的是，在车体碰撞物证的载体上不能用有颜色的物质涂画标记，以免物证被颜色物质所污染，而且对于一些现场的某些微量物质，特别是油斑等液体微量物质，不能用手直接接触提取。此外，所使用的提取工具和包装物也不能对车体碰撞物证（特别是一些微量的，需要进行成分检测的物质）有任何污染。用同一工具提取不同部位的车体碰撞物证时，每提取一次都必须把提取工具擦拭干净。气温较高时还应注意准备好冷藏瓶等，防止提取的物质受热腐蚀而失去检验价值。

(四)程序、规范及标准的适用

在车体物证勘验工作中，涉及的主要法规和标准有《道路交通事故处理程序规定》、《道路交通事故处理工作规范》、《道路交通事故痕迹物证勘验》(GA 41—2014)、《道路交通事故现场勘验照相》(GA 50—2014)、《机动车运行安全技术条件》(GB 7258—2012)、《道路交通事故机动车驾驶人识别调查取证规范》(GA/T 944—2011)、《道路交通事故车辆速度鉴定》(GB/T 33195—2016)等。此外，《中华人民共和国刑事诉讼法》、《中华人民共和国民事诉讼法》和《中华人民共和国行政诉讼法》中对物证勘查的有关规定在车体物证勘验中也必须遵照执行。

六、实训报告要求

道路交通事故车体物证勘验实训报告

警院交管2017实第×××号

一、基本情况

校局合作单位：×××××市交通管理支队××××大队。

勘验事项：对蒙F·××××8号小型客车(雅阁牌，车辆识别代号：LHGCM46267800××××；下称甲车；驾驶人：云××，驾驶证号：150121××××××134315)、蒙A·××××0号小型客车(宝马牌，车辆识别代号：LBVPS5108BSD5××××；下称乙车；驾驶人：阿××，驾驶证号：150121××××××137255)发生交通事故的车体受损非一次交通事故碰撞所致的车体物证进行勘验。

勘验材料：涉案的车辆、道路交通事故档案图文材料(复印件)、道路交通事故现场照片。

勘验日期：2017年××月××日。

勘验地点：××××大队涉案车辆停车场。

勘验人员：张××、王××、李××、赵××、刘××。

二、案情摘要

2017年××月××日××时××分许，云××驾驶甲车沿××市××区滨河南路由东向西行驶至千家和小区前调头行驶时，与沿滨河南路由西向东行驶的阿××驾驶的乙车发生碰撞，造成交通事故。

三、勘验方法

根据《道路交通事故痕迹物证勘验》(GA 41—2014)及其他相关规定的有关条款及方法，对道路交通事故车体物证进行勘验。

四、勘验过程

(一)车辆整体变形部位痕迹物证比对勘验

甲车车体右前部车身碰撞变形(见附件2照片1)，乙车车体前部车身碰撞变形(见附件2照片9)，结合现场照片(见附件1照片1)及相关证据分析，甲车沿××市××区滨河南路由东向西行驶至千家和小区前调头行驶时，与沿滨河南路由西向东行驶的乙车发生碰撞，形成甲车车体右前部车身、乙车车体前部车身碰撞整体变形痕迹。

(二)车辆相关部位痕迹物证比对勘验

甲车部位A(见附件2照片4和5)碰撞痕迹距离地面0.75～0.80m,黏附灰褐色车漆；乙车部位A(见附件2照片10、13和14)碰撞痕迹距离地面0.75～0.80m,黏附白色车漆；甲车部位A与乙车部位A碰撞痕迹在距地高度、黏附车漆颜色及形状尺寸上具有一致性。确认甲车部位A与乙车部位A发生过碰撞接触。

甲车部位B(见附件2照片6和7)距离地面0.20m，为甲车坚硬部位，无碰撞变形；乙车部位B(乙车前横梁)(见附件2照片10～12)碰撞变形痕迹距离地面0.20～0.25m；以上证据已经确认甲车部位A与乙车部位A发生过碰撞接触，根据甲车部位A与B、乙车部位A与B之间的距离关系及相关证据判断，乙车部位B的碰撞变形痕迹并非与甲车部位B发生碰撞形成，也并非与甲车其他部位发生碰撞形成。

(三)乙车前防撞钢梁螺丝痕迹物证勘验

乙车前防撞钢梁左右共四颗螺丝有明显拧动过的痕迹，拧动痕迹无锈迹(见附件2照片15～18)，说明乙车前防撞钢梁近期进行过修理或更换。

(四)交通事故车体物证综合勘验分析

根据以上痕迹及痕迹比对等综合分析可知，甲车车体右前部车身碰撞变形，发动机罩右侧、保险杠右前部、右前翼子板、右前大灯、右前门、右前轮及碰撞接触部位均碰撞受损(见附件2照片1～7)，均为与乙车发生碰撞形成的。

乙车车体前部车身碰撞变形，发动机罩、保险杠、左右前翼子板、左右前大灯、前防撞钢梁及碰撞接触部位均碰撞受损(见附件2照片9～18)，均为与甲车发生碰撞形成的，但乙车前横梁的碰撞变形痕迹并非为与甲车发生碰撞形成的，乙车前防撞钢梁在此次事故前也进行过修理或更换(见附件3照片1和2)。综合以上痕迹及证据，乙车在此次交通事故前车身前部发生过碰撞，并修复过部分碰撞受损部件。

附件1：事故现场照片1张。

附件2：事故车体勘验照片19张。

附件3：事故车体碰撞接触部位比对勘验照片2张。

附件照片按照《道路交通事故现场勘验照相》(GA 50—2014)有关条款要求拍摄。

附件 1：事故现场照

照片 1　由东向西拍摄交通事故现场概览

附件 2：车体勘验照

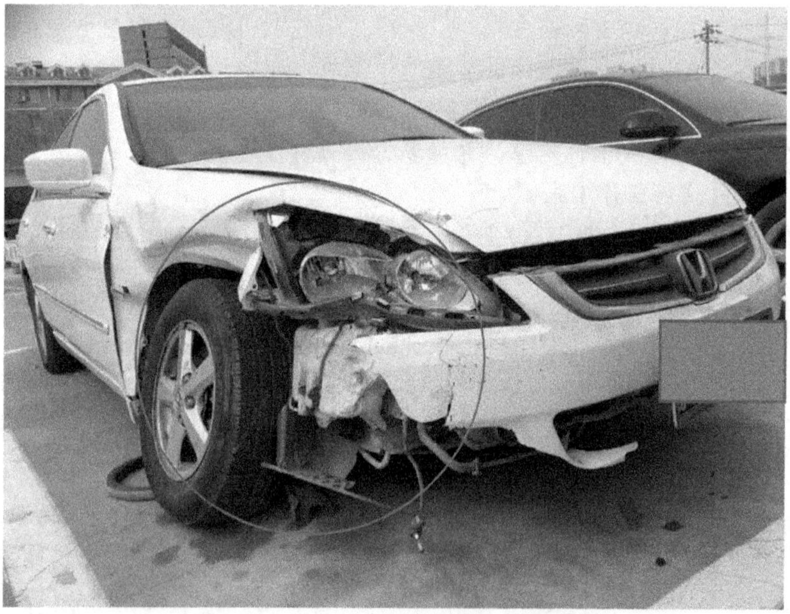

照片 1　甲车右前位碰撞接触部位勘验照

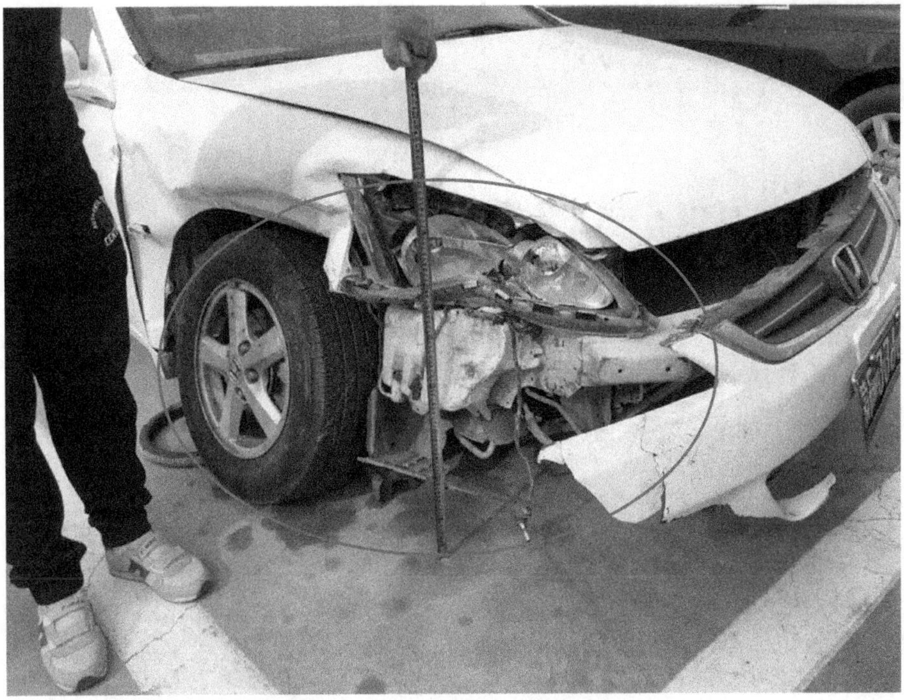

照片 2　甲车右前位碰撞痕迹勘验照

照片 3　甲车疑似与乙车碰撞位置勘验照

照片 4　甲车右前车门及右前翼子板碰撞接触部位勘验照

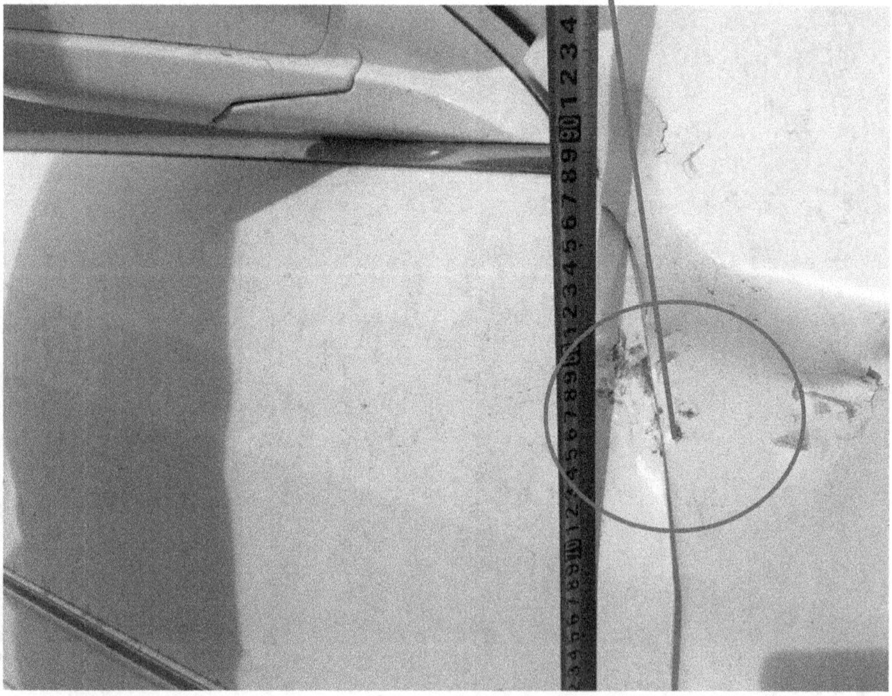

照片 5　甲车右前车门及右前翼子板碰撞接触部位细目勘验照

照片 6　甲车右前侧位勘验照

照片 7　甲车右前部坚硬部位(甲车部位 B)勘验照

照片 8 甲车后位勘验照

照片 9 乙车前位勘验照

照片 10　乙车左前碰撞接触部位勘验照

照片 11　乙车前横梁勘验照

照片 12　乙车前横梁凹陷位置勘验照

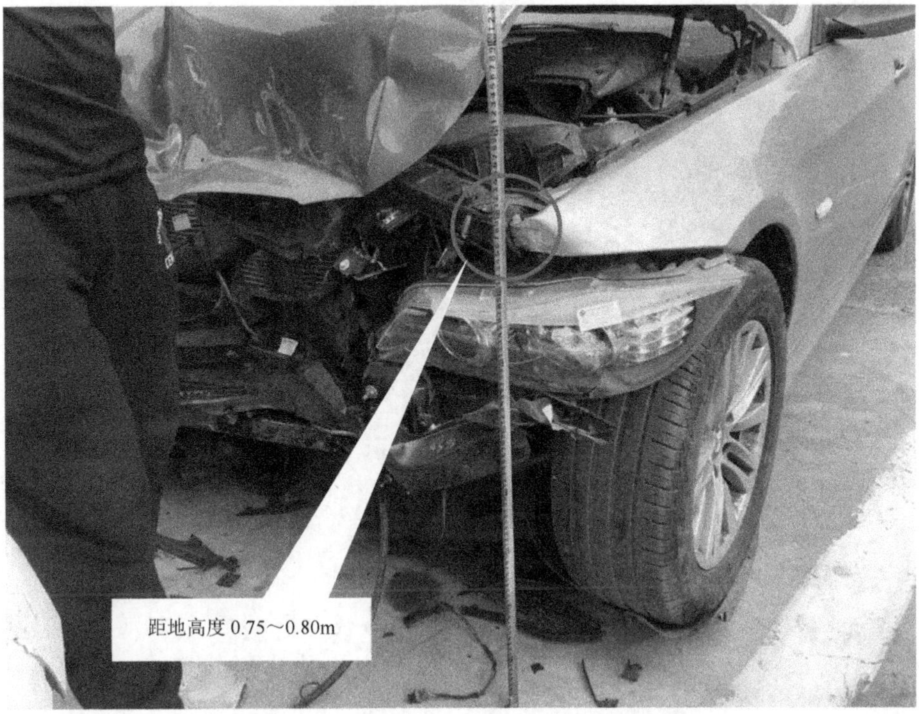

照片 13　乙车左前翼子板碰撞接触部位勘验照

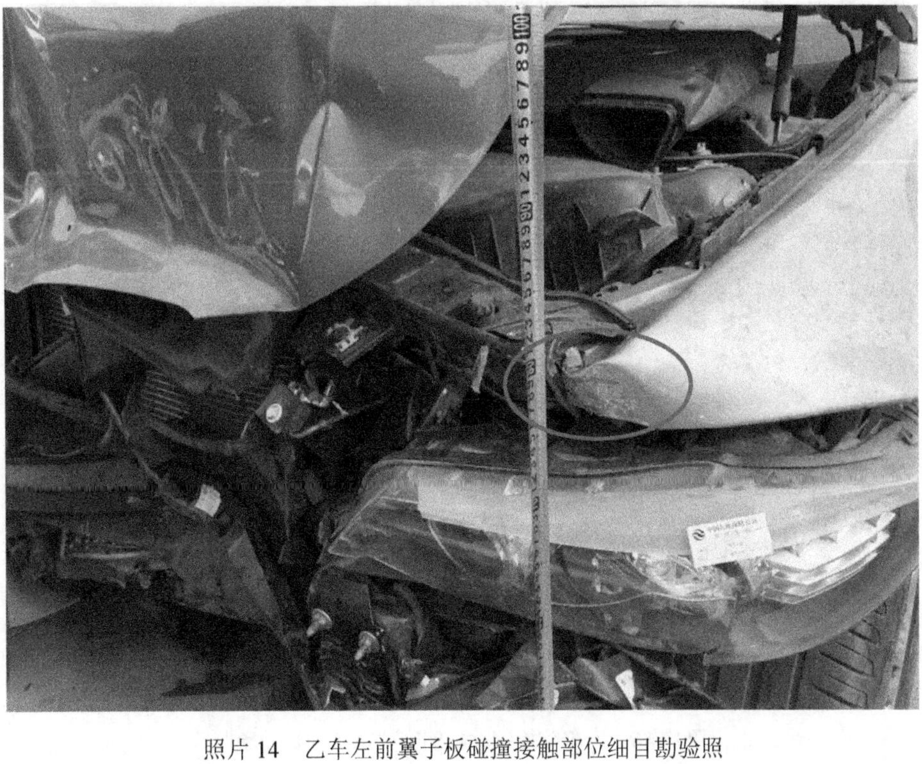

照片 14　乙车左前翼子板碰撞接触部位细目勘验照

照片 15　乙车防撞钢梁左侧支架螺丝勘验照

照片 16　乙车防撞钢梁左侧支架螺丝细目勘验照

照片 17　乙车防撞钢梁右侧支架螺丝勘验照

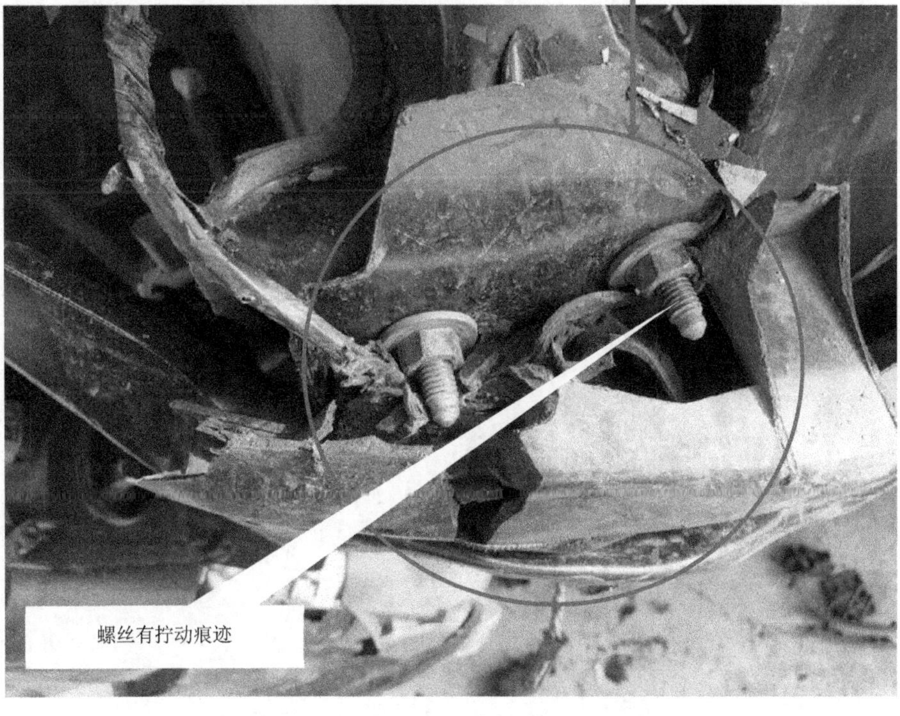

照片 18　乙车防撞钢梁右侧支架螺丝细目勘验照

照片 19　乙车后位勘验照

附件3：事故车体碰撞接触部位比对勘验照

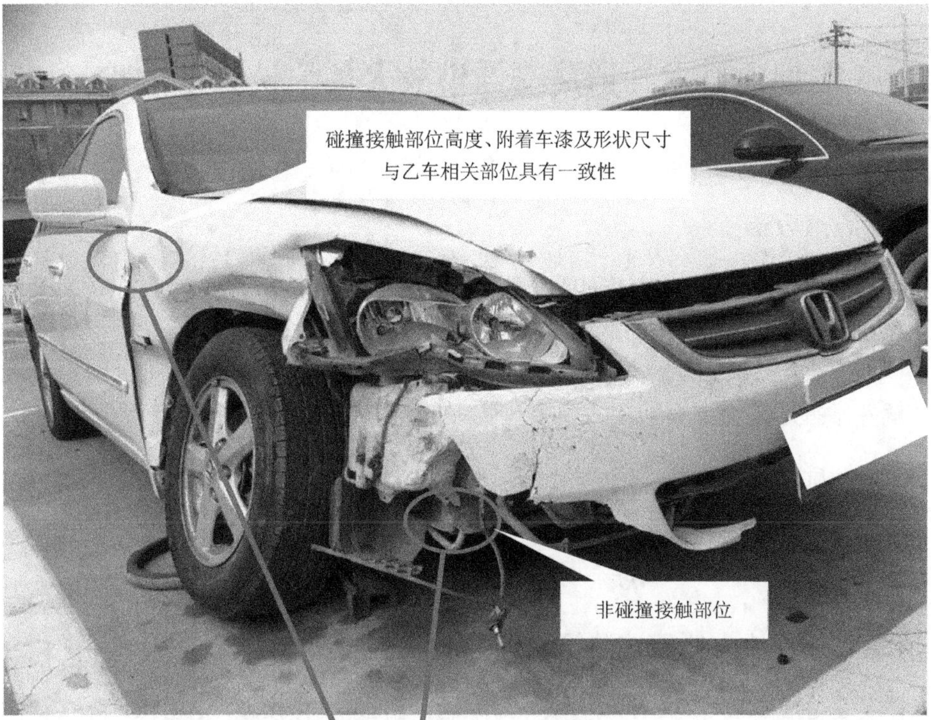

照片1　甲车右前位勘验照

照片2　乙车前位勘验照

实训项目六　道路交通事故人体痕迹物证勘验

一、实训目的

（一）知识方面

掌握道路交通事故人体痕迹物证勘验的程序、规范和要求。

（二）能力方面

了解并掌握道路交通事故中人体痕迹物证的形态及其形成原因。

（三）素质方面

提高学生的实践操作能力，培养学生在人体痕迹物证勘验中具备及时、全面、客观和缜密的工作作风。

二、道路交通事故人体痕迹物证勘验导引

人体痕迹是指在道路交通事故中人体与车辆、道路、物体接触，遗留在人体衣着和体表上的印迹。在道路交通事故中，人体与车辆或者其他物体发生碰撞、挤压、刮擦、碾压等，会在人体衣着和体表上形成痕迹。对衣着和体表痕迹的勘验，能反映人体与车辆或者其他物体的接触情况，为受伤原因、受伤部位、致死原因等分析提供依据。

（一）衣着勘验

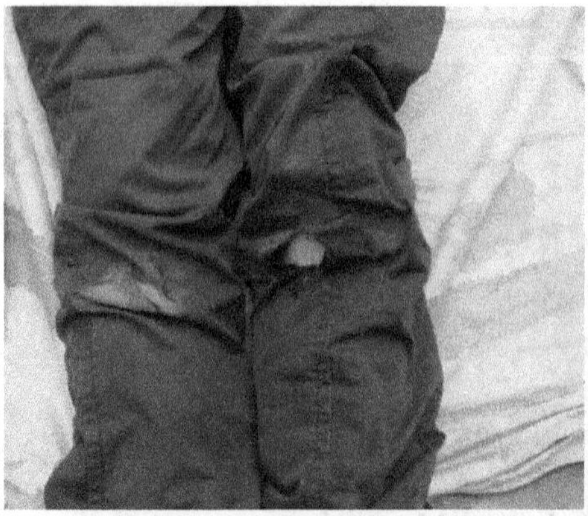

图 6-1　破损痕迹

衣着痕迹，是指在道路交通事故中，人体受车辆或者其他物体碰撞、刮擦、碾压、挤压等作用，在衣着上遗留的油漆、油污等附着物痕迹，衣物因碰撞、刮擦、碾压等所形成的印痕。

衣着痕迹按照痕迹形成的机理不同，分为破损痕迹、附着痕迹和碾压痕迹三类。

（1）破损痕迹，是指在车辆、物体碰撞、刮擦、碾压等作用下，衣着破损而形成的痕迹，包括钩挂、撕裂、开缝、脱扣等，如图 6-1 所示。

（2）附着痕迹，是指车辆碰撞、刮擦、碾压人体时，黏附在衣着上的车辆油漆、油污、铁锈、橡胶粉末、沥青、尘土、木屑、草木等，如图 6-2 所示。

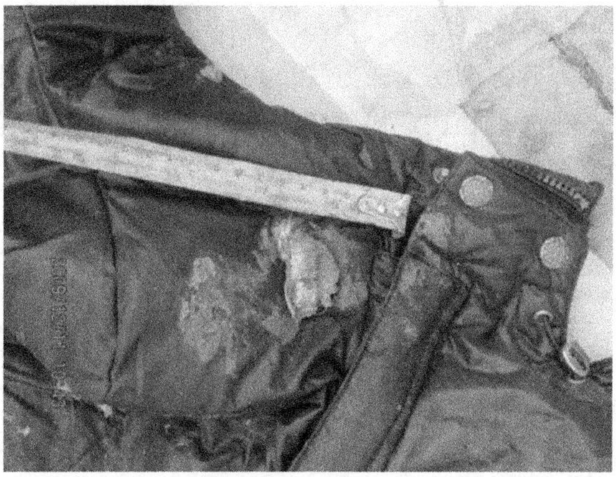

图 6-2　附着痕迹

(3) 碾压痕迹，是指衣着被轮胎碾压后在其表面留下的胎面花纹、皱褶或散点状破损等痕迹。碾压痕迹的一般特征是在衣着表面留下轮胎胎面花纹，被碾压部位一般都呈现横向的皱褶，织物牢度明显降低，表面纤维被压平等，如图 6-3 所示。

图 6-3　碾压痕迹

总之，对衣着痕迹的勘验，可以用以分析、说明人体被碰撞、刮擦的部位，通过碾压痕迹说明人体被碾压的事实和碾压的部位。碾压造成的皱褶的垂直方向是轮胎的运动方向。衣物上附着油漆、油污，说明人体受车辆碰撞、刮擦。衣物上的碾压轮胎花纹是确定轮胎和车辆类型的依据。

(二) 体表勘验

体表痕迹，是指人体因受碰撞、碾压、刮擦和挤压等外力作用，留在其体表的各种损伤痕迹和附着痕迹。道路交通事故中常见的人体损伤有表皮剥脱、皮下出血、挫伤、挫裂伤、骨折和关节脱位等，损伤会引起体表发生相应的变化而形成损伤体表痕迹。

通过体表痕迹的勘验，可以确定人体与车辆或者其他物体接触部位、受伤部位，确定损伤部位和致伤客体，确定创伤形成方式，确定致死部位和原因等，从而为道路交通事故中人体伤害相关事实分析和认定提供依据。如通过体表碾压痕迹，确定人体遭碾压事实；根据碾压轮胎痕迹尺寸和花纹，推断致害车辆车型等。

1. 体表痕迹的分类和特征

体表痕迹主要包括：体表碰撞刮擦痕迹、体表碾压痕迹和体表变形、断离、脱出痕迹等。

(1) 体表碰撞刮擦痕迹。体表碰撞刮擦痕迹是因车辆或者其他物体碰撞、刮擦造成人体损伤而形成的体表痕迹。碰撞刮擦常会形成人体体表的表皮剥脱、皮下出血和骨折。受伤部位和痕迹反映撞击部位、碰撞刮擦作用方式、碰撞速度等，如图 6-4 所示。

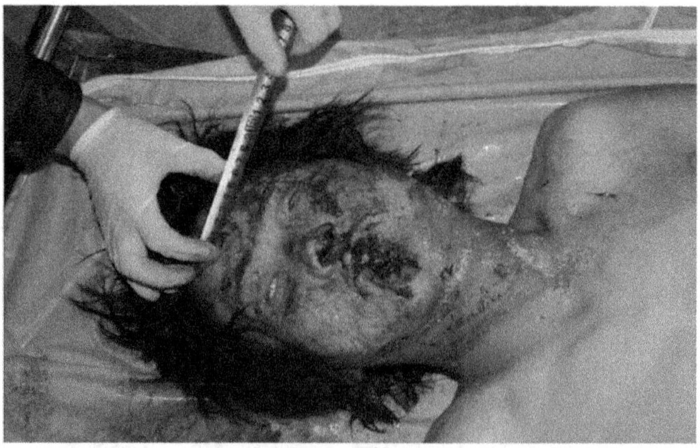

图 6-4 体表碰撞刮擦痕迹

(2) 体表碾压痕迹。体表碾压痕迹，是指人体受车轮碾压引起人体损伤而形成的体表痕迹。碾压伤是人体受车轮碾压所形成的损伤，是道路交通事故中比较严重的损伤之一。车型、载重量、行驶速度和被碾压人体部位不同，所造成的人体损伤也各不相同。但是道路交通事故碾压形成的痕迹还是显现出一定的规律和特点。机动车对人体碾压造成的体表痕迹的特征是：在被碾压的人体的衣服上遗留轮胎花纹印痕；在皮肤上造成轮胎花纹状表皮剥脱和皮下出血及相应部位的擦伤；在被碾压部位出现骨折、出血、皮肉撕脱、肢体断离和躯体变形；严重者形成脏器破裂，胸、腹腔脏器被挤压出体外，在路面上可见人体倒卧和人体组织等痕迹；当车轮碾压人体的肩、腹、髋等部位时，可在颈、腋、腹股沟处形成伸展伤痕迹，如图 6-5 所示。

(3) 体表变形、断离、脱出痕迹。人体被车辆碰撞、碾压，作用力足够大时，可以造成躯体变形、断离和器官脱出，如图 6-6 和图 6-7 所示。

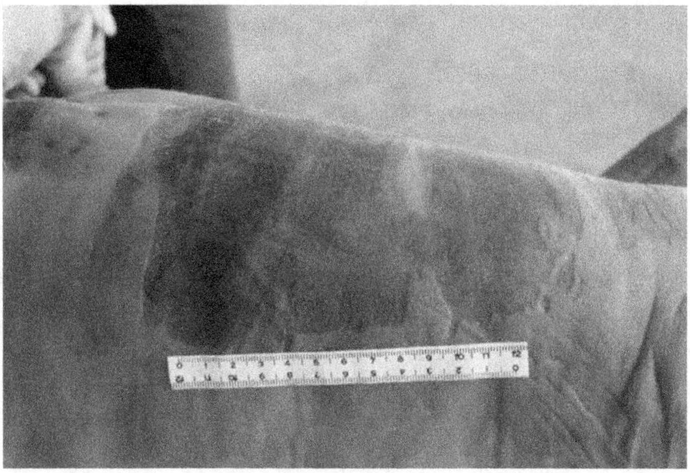

图 6-5　体表碾压痕迹

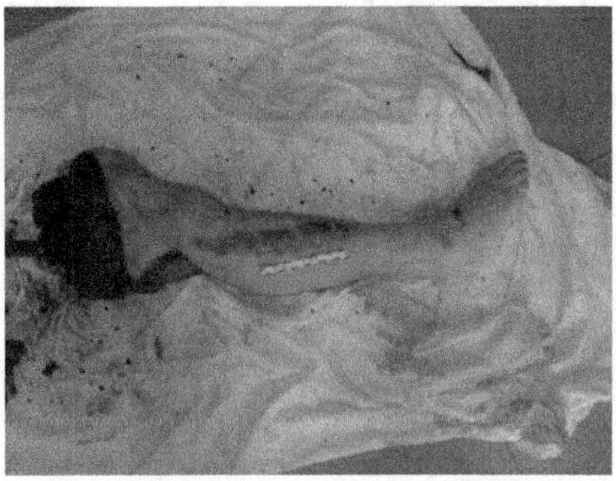

图 6-6　变形、断离、脱出痕迹

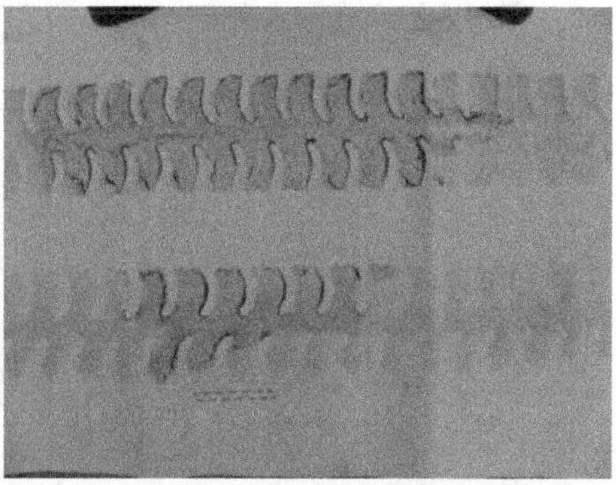

图 6-7　脱落腿部轮胎痕迹

2. 体表痕迹勘验

对道路交通事故人体体表痕迹的勘验，首先应全面了解道路交通事故现场和道路交通事故发生的基本经过，围绕具体道路交通事故案件人体痕迹勘验需要试图解决的具体问题开展勘验工作。

因为是同一部位受到碰撞或者刮擦作用，所以人体体表痕迹跟衣着痕迹往往具有较高的一致性。因此，人体体表痕迹勘验应紧密结合衣着痕迹情况进行。例如，在道路交通事故受害人衣着的背部位置存在车轮碾压花纹，则在体表勘验中应注意对受害人背部体表碾压痕迹的勘验。

对体表痕迹的勘验，一般要求勘验体表损伤的部位、类型、形状尺寸，造成损伤的作用力方向；损伤部位距足跟的距离，损伤部位的附着情况，确定致伤客体及其部位；并根据需要提取伤亡人员的衣着、血液、组织液，以及毛发、体表上的附着物等，并进行检查、鉴定。

在进行体表痕迹勘验时，还应注意勘验以下内容。

(1) 活体或者尸体身上的损伤是否为交通工具损伤，有无其他加害损伤，如有无凶器损伤、机械性窒息痕迹及中毒现象等。

(2) 人体损伤若是交通工具所致，应确定损伤形成机制。损伤形成的部位、高度、部位与肇事车辆的致伤部位是否一致。

(3) 检查肇事车辆碰撞部位有无凹陷、擦蹭痕迹，有无血迹、毛发、人体组织、衣物残片或者纤维等。

(4) 对肇事逃逸嫌疑车辆相关部位进行详细勘查，检查是否有对人体的擦蹭痕迹、衣物纤维、血迹及人体组织等附着物，检查相关部位有无重新整形、刷抹涂料或者更换部件情况。

（三）人体痕迹物证提取

1. 人体痕迹物证提取的要求

确认或疑似为道路交通事故人体痕迹物证的，应当立即提取，其注意事项如下。

(1) 人体痕迹物证在提取之前，不得在物证部位及附近用粉笔、白板笔、圆珠笔或蜡笔等勾画。

(2) 提取血迹和人体组织等，不得重复使用同一提取工具，更不得用手直接接触物证。

(3) 提取物证所用工具、包装物、容器等必须干净。

(4) 提取之前，将物证的形状、数量、颜色、所在人体的具体部位等分别记录下来。

2. 人体痕迹物证提取的方法

(1) 直接提取。

能反映出人体的衣着痕迹和体表痕迹的，可根据具体情况灵活选用小镊子、胶纸粘取、刀刮取、磁铁吸取等进行直接提取。

(2) 间接提取。

无法进行直接提取的人体痕迹物证，根据需要采取相应的照相或摄像法、静电吸附法和复印法等技术手段进行提取。

（四）道路交通事故人体痕迹物证勘验技术标准

道路交通事故人体痕迹物证勘验要遵从的技术标准见表 6-1。

表 6-1　道路交通事故人体痕迹物证勘验相关技术标准

标准代号	标准名称
GA 41—2014	《道路交通事故痕迹物证勘验》
GA 268—2009	《道路交通事故尸体检验》
GA 40—2008	《道路交通事故案卷文书》

三、实训内容与步骤

（一）实训内容

事故基本情况如下。

时间：2015 年 01 月 28 日 20 时 0 分

地点：××高速公路 1km+750m

勘查时间：2015 年 01 月 28 日 20 时 35 分至 22 时 10 分

天气：阴

2015 年 1 月 28 日，驾驶人刘某驾驶豫 E132××（豫 EQ9××挂）号“欧曼”牌重型半挂牵引车，由某地驶入××高速公路驶往某地方向。20 时许，当车辆行驶至××高速公路 1km+750m 处时与被前车（事故发生后逃逸，车辆及驾驶人信息待核实）撞倒躺在路中间的行人发生碾压，随后行人被由张某驾驶的青 ARW7××号小型轿车（日产·骊威）碾压，致行人当场死亡及车辆受损的道路交通事故，并在事故现场遗留 1 个小型客车后视镜及制动痕迹。（附事故现场照片）

事故现场勘验照相如图 6-8～图 6-19 所示。

图 6-8　事故现场概览照相

图 6-9　死者（行人）

图 6-10　“欧曼”牌重型半挂牵引车

图 6-11　小型轿车（日产·骊威）

图 6-12 肇事逃逸车辆

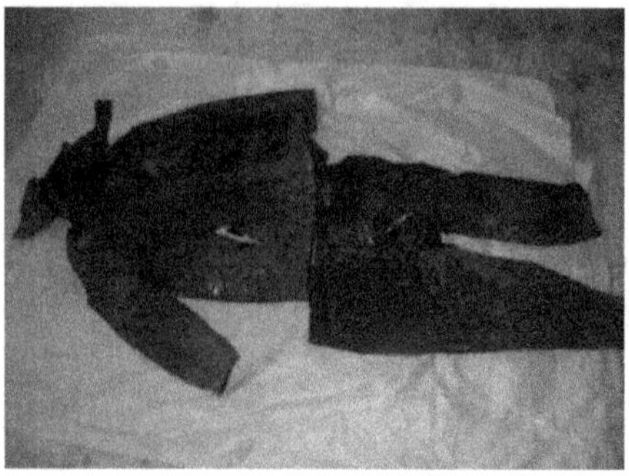

图 6-13 死者衣服

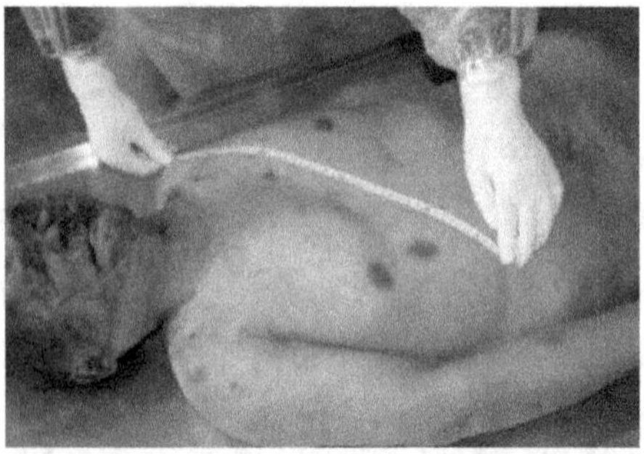

图 6-14 死者胸腹部体表痕迹

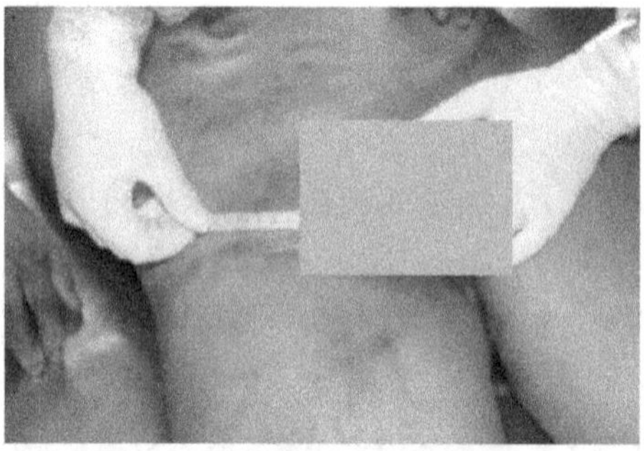

图 6-15 死者右大腿内侧体表痕迹

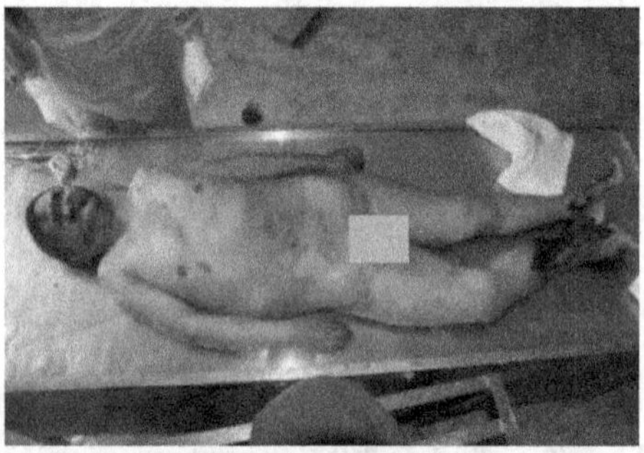

图 6-16 死者体表痕迹

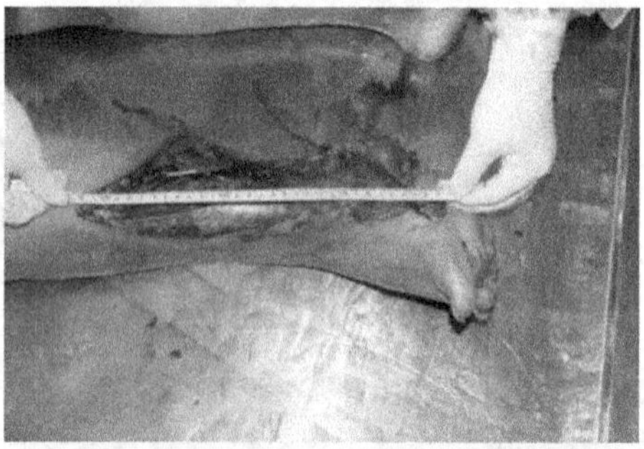

图 6-17 死者右小腿撕裂伤及骨折

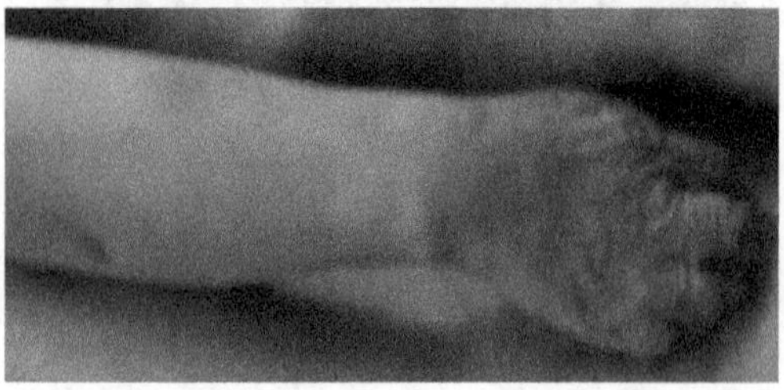

图 6-18 死者右小臂外侧撞击伤

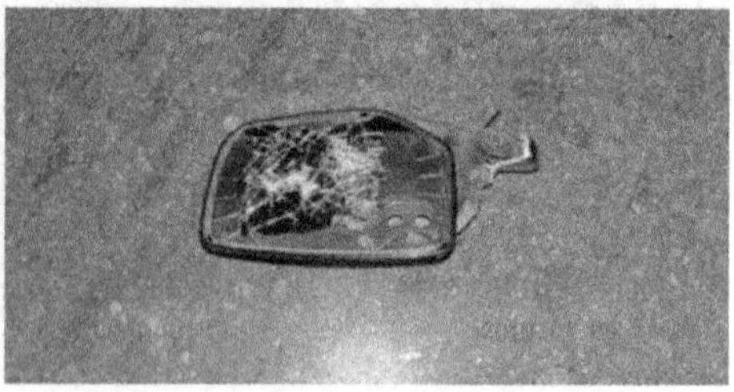

图 6-19 事故现场遗留的后视镜

（二）实训步骤

(1) 教师说明人体痕迹物证勘验的基本要求、操作方法和注意事项。

(2) 实训教师在实训场地布置道路交通事故模拟现场，布置模拟事故现场应注意保证相关的交通要素齐全，大致符合事故发生规律。如人体躺卧位置、车辆位置、标志标线、血迹位置、散落物、地面轮胎痕迹及相关物体等。

(3) 教师按照每组 3 人的标准将学生分组，由每组学生对模拟的道路交通事故现场进行人体痕迹物证勘验。

(4) 根据道路交通事故痕迹物证勘验的要求，对实训事故案例进行人体痕迹物证的发现与提取并现场进行丈量。

(5) 根据具体实训案例中人体痕迹物证来分析道路交通事故过程并进行成因分析。

①根据实训案例来分析死者衣物上会遗留哪些衣着痕迹。

②根据实训案例来分析死者右小臂外侧撞击伤是如何形成的。

③根据实训案例来分析死者右大腿内侧体表痕迹是如何形成的。

④根据实训案例来分析死者右小腿撕裂伤及骨折是如何形成的。

⑤根据实训案例来分析死者胸腹部体表痕迹是如何形成的。

⑥根据前面的分析结果来再现道路交通事故的发生过程。

(6) 教师根据学生的实训表现进行考核评定。

(7) 教师在各组实训结束之后，指出学生在现场痕迹物证勘验中存在的不足。

(8) 教师根据各组实训表现情况，最终进行点评和总结。

（三）实训考核

本实训以小组集体考核形式进行考核，成绩分为优、良、中、及格和不及格共 5 个等级，各等级的评价标准如下。

1. 优

(1) 能够熟练综合运用所学知识，全面、独立地完成实训任务，实训过程中能够提出自己的见解。

(2) 理论方法、技术、规范利用正确，设计方案很合理。

(3) 操作实训过程很清晰，功能表达很准确。

(4) 实训报告独立完成，表达清楚，语言通顺，书写规范。

2. 良

(1) 能够较熟练综合运用所学知识，较全面、独立地完成实训任务，实训过程中能够较好地提出自己见解。

(2) 理论方法、技术、规范利用正确，设计方案较合理。

(3) 操作实训过程较清晰，功能表达较准确。

(4) 实训报告独立完成，表达比较清楚，语言较通顺，书写比较规范。

3. 中

(1) 能够运用所学知识，按时完成实训任务。

(2) 理论方法、技术、规范利用正确，设计方案基本合理。

(3) 操作实训过程基本清晰，功能表达基本准确。

(4) 实训报告表达一般，语言较通顺，书写尚可。

4. 及格

(1) 基本能运用所学知识，按时完成实训任务。

(2) 理论方法、技术、规范利用尚正确，设计方案尚合理。

(3) 操作实训过程尚清晰，功能表达尚准确。

(4) 实训报告表达一般，文字表达有多处错误，书写尚算规范。

5. 不及格

(1) 运用所学知识能力差，不能按时完成实训任务。

(2) 理论方法、技术、规范利用不正确，设计方案不合理。

(3) 操作实训过程不清晰，功能表达错误。

(4) 实训报告表达差，不完整，文字错误多，书写不规范。

(5) 存在明显抄袭行为。

四、实训场地与器材

实训场地：道路交通事故处理实验室或校园道路。

实训器材：交通事故现场勘查箱 4 个、人体模型 1 个、普通小型客车 2 辆、单反数码照相机 5 台、交通警察指挥棒 2 支、反光背心 8 件、白手套、白色及彩色粉笔各 1 盒、放大镜 10 只、红色墨水 1 瓶、警戒绳 2 卷。

五、注意事项

必须服从命令，听从指挥，不得擅自行动；作业必须认真仔细，不得相互抄袭，一旦相互抄袭，即做出不合格处理；在实训教学中，必须爱护各种器材设备，做到有序领取和归还，不得丢失和损坏；在模拟教学中，要注意人身安全，防止意外事故发生。

六、实训报告要求

实训报告是反映实训教学过程的文字记载档案，也是学生实训成绩考核的重要依据。学生可根据具体分组情况每组提交一份实训报告书。

实训项目七　道路交通事故现场图绘制

一、实训目的

（一）知识方面

掌握道路交通事故现场图绘制的程序、规范和要求；掌握交通事故现场测绘方法和测绘技术，巩固课堂所学的道路交通事故现场图的绘制方法。

（二）能力方面

巩固和消化所学的相关理论知识，具备正确使用测绘仪器的能力，具备制作事故现场图的基本操作技能。

（三）素质方面

提高学生的动手能力和学习兴趣，培养学生严肃认真、实事求是的科学态度和严谨的工作作风。

二、道路交通事故现场图绘制导引

道路交通事故现场图是指运用绘图方法，记录道路交通事故现场情况或者描述事故发生过程的图形材料，是调查和处理道路交通事故的重要证据与记录、分析手段。

（一）道路交通事故现场图的分类及格式

1. 道路交通事故现场图的分类

按照道路交通事故现场图的绘图内容、绘图依据和绘图过程不同，可将其分为现场记录图、现场实景记录图、现场比例图和现场分析图四种。适用一般程序处理的事故应当绘制现场记录图或者现场实景记录图，并根据需要选择绘制现场比例图和现场分析图。适用简易程序处理的交通事故，可按需要绘制现场图。

2. 道路交通事故现场图的版面内容

道路交通事故现场图的版面内容由以下部分组成。

(1) 事故现场的基本情况栏。该栏目在现场图的顶部，用于填写勘查人员到达现场的时间，以及发生事故的地点、天气情况和路面性质。

(2) 绘图栏。绘图栏居于现场图的中部，是现场图的主体部分，用于绘制和书写事故现场的道路、设施、建筑物、车辆、人体、物品、痕迹等的图形符号、图线与文字标注等。为了方便绘图，绘图栏内一般印有浅色坐标线。

(3) 说明栏。说明栏位于绘图栏的下方，主要用于以文字方式记录一些不适合在图中绘制或者需要对绘图进行补充说明的内容，以及在现场绘图完毕的时间。

(4) 签署栏。签署栏位于现场图的底部，供现场勘查人员、绘图人员、事故当事人或见证人签字。

(二) 道路交通事故现场图绘制相关技术标准

道路交通事故现场图是由一定的图线、图形符号和文字标注等，按照现场的实际空间结构关系组合而成的，图形要素遵从以下技术标准，见表 7-1。

表 7-1　交通事故现场图绘制相关技术标准

标准代号	标准名称
GA 49—2014	《道路交通事故现场图绘制》
GB /T 11797—2005	《道路交通事故现场图形符号》
GA 41—2014	《道路交通事故痕迹物证勘验》
GA 40—2008	《道路交通事故案卷文书》

(三) 现场定位

现场定位是指对现场元素所处空间位置的确定。准确的现场定位是绘制现场图的基础，在现场绘图之前必须首先确定现场的地理方位和现场各元素的空间位置。

1. 现场定位的基础

(1) 确定现场方位。

确定现场方位是指以大地为参照，确定事故现场的地理位置和道路走向。

现场的地理位置一般以事故发生地点在路网中的所处位置为准，其中，在公路上发生的事故采用“行政区划名+公路名称或者编号+公里数(km)+米数(m)”表示，在城市道路上发生的事故采用“行政区划名+路口、路段名或者编号+与路口、路段起点的距离(m)”表示，必要时，辅助性记录现场的标志物名称。现场的地理位置应记录在现场图的事故现场基本情况栏内。

道路走向一般采用道路中心线的切线方向与正北方(N 极)的夹角表示，并按现场实际情形用方向标标注在绘图栏的右上角。当难以判断现场的方向时，也可用“→”或“←”直接标注在道路的两端，并注明各端通往的最近处地名。

(2) 基准点和基准线。

基准点是对现场元素进行定位的基本参照点，其作用类似于平面坐标系中的坐标原点。绘制现场图时，必须在现场内部或者附近选取一个或多个位置固定、保存时间长，并且较为醒目和便于测绘的对象，如选取道路里程碑(牌)、交通标志杆、电杆、路灯杆、永久性建筑物或构筑物的转角、基座等作为基准点。

基准线是对现场元素进行定位的参照线，其作用类似于平面坐标系中的坐标轴或基线。绘制现场图时，通常选择现场道路的一侧路缘或交通标线及其延长线作为基准线，对于没有整齐路缘和交通标线的，可以利用两个基准点进行人工设定，或者以事故一方车辆的某一侧面在地面上的投影线为准。

基准点和基准线一经确定，就可以在现场地面和现场图纸上分别构建起相互对应的两个坐标系，而现场所有元素的大小、方向及空间位置也就可以依据这一坐标对应关系和一定的比例，在现场图中一一画出。

(3) 固定点和固定线。

固定点、固定线又称现场元素的特征点、特征线，是指在具体确定现场元素的空间位置时用于代表该元素实际位置及形体特征的点或线。《道路交通事故现场图绘制》(GA 49—2014) 对现场元素的固定点或固定线作了统一规定(表 7-2)，在现场测量及绘图时应当严格遵守。其中，对于扭曲幅度较大的人体应增加其臀部为固定点，当人体、牲畜的躯干发生断离以及车辆发生严重解体时，宜按照其他几何形物进行测量和绘制。

表 7-2　交通事故现场定位的固定点与固定线

物体痕迹名称	固定点或固定线
机动车	同侧(侧翻时近地的一侧)前(中)后轴外侧轮胎轴心的投影点
仰翻机动车	近地靠路边车身的两个角
非机动车	同侧(侧翻时近地的一侧)前、后轴轮胎轴心的投影点
人体	头顶部、足跟部
牲畜	头顶部、尾跟部
路面障碍	两头的端点、占路最外端点(即最突出点)的投影点
安全设施	基部中心或边缘线
血迹	中心点
线状痕迹	起点、终点、中心线、变化点
基准点物体	向路边一侧最突出点
其他几何形物	中心点

2. 现场定位方法

(1) 直角坐标定位法。

直角坐标定位法是运用平面直角坐标原理对现场进行定位的。如图 7-1 所示，在定位时，首先在现场选择一个基准点作为坐标原点，并以道路走向为 X 轴，以垂直于该方向为 Y 轴建立坐标系，然后依次测量各待测点到基准点的距离在 X 轴和 Y 轴上的投影长度，作为其定位参数。为了方便测量，一般尽可能将基准点选在道路的边缘线、中心线上，并且有人行横道线、停止线、路面拼缝线等垂直相交线的位置。从定位原理看，直角坐标定位法比较适用于直线路段和规则交叉口的事故现场定位。

(2) 极坐标定位法。

极坐标定位法是运用平面极坐标原理对现场进行定位的。如图 7-2 所示，在定位时，首先在现场选择两个不相邻的基准点，并将其中一个点作为极点，将连接两点的直线作为极轴，建立坐标系，然后分别测量各待测点到极点的距离以及待测点到极点连线与极轴的夹角，作为其定位参数。从定位原理看，极坐标定位法适于对各种道路的事故现场定位，并尤其适合于对弯道处的事故现场定位。

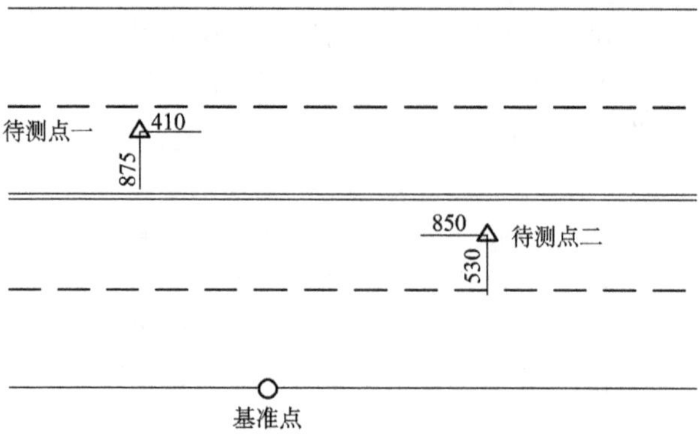

图 7-1　直角坐标定位法（单位：cm）①

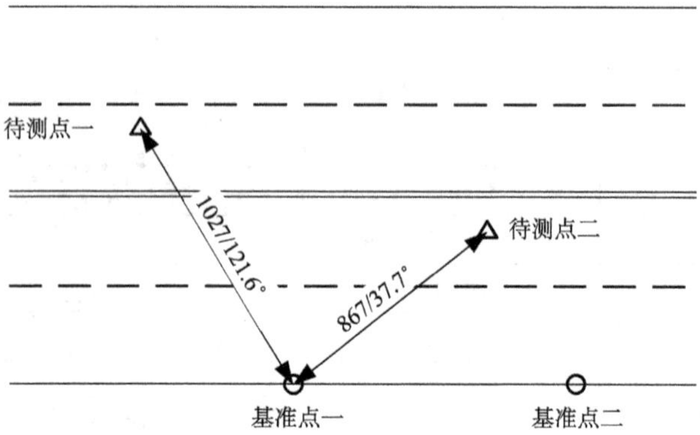

图 7-2　极坐标定位法（单位：cm）

与直角坐标定位法相比，利用极坐标定位法可以减少在测量时寻找垂点的烦琐，但在现场较难精确测量夹角，使得定位精度通常不高，因此，一般改测量夹角为测量待测点到极轴所在直线的距离，如图 7-3 所示。

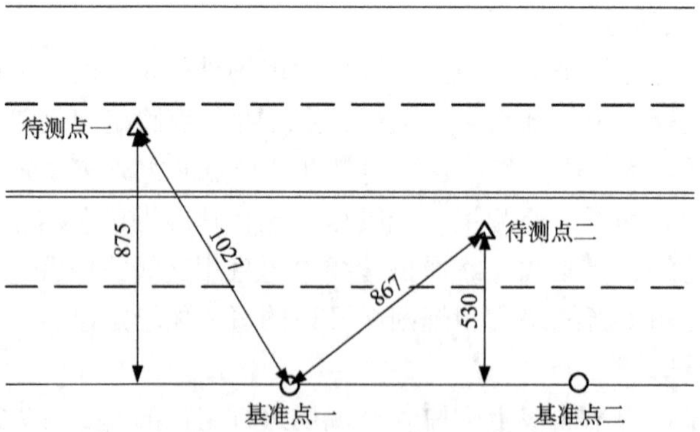

图 7-3　改进的极坐标定位法（单位：cm）

① 注：根据《道路交通事故现场图绘制》（GA 49—2014）图形中的尺寸，以厘米为单位时可不标注计量单位，采用其他计量单位时，应在说明栏中注明计量单位的名称或符号。

(3) 交叉定位法。

交叉定位法也称三角坐标定位法，是利用三角形的稳固原理，通过分别测量待测点到两个基准点的距离来实现对其定位的。如图 7-4 所示，在定位时，首先在现场地面选定两个不相邻的基准点，并测量两点之间的距离，然后分别测量各待测点到这两个基准点的距离并将其作为该待测点的定位参数。对于现场缺乏明显特征点的，可以先实际选取一点，然后以该点为圆心取一定半径作与道路边缘相交的弧线，并将其交点作为基准点二。从定位原理看，交叉定位法的适用情况与极坐标定位法相似，也适合于对各种道路，尤其是弯道内的现场定位。

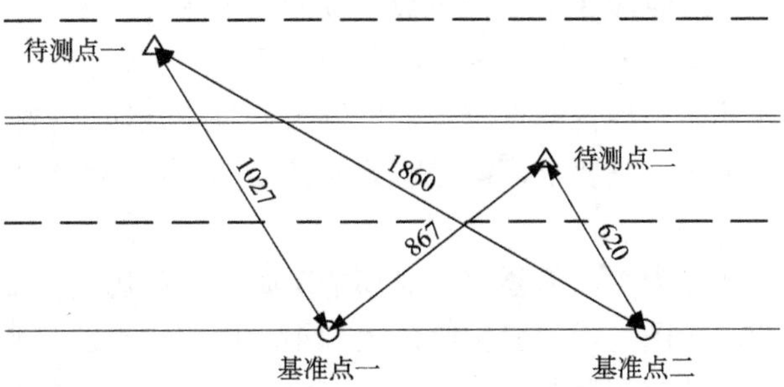

图 7-4　交叉定位法(单位：cm)

(4) 综合定位法。

综合定位法是一种基于改进的极坐标定位法和交叉定位法演变而来的现场定位方法，其定位原理是：首先在现场地面选取一个基准点和一条基准线，然后分别测量某一待测点到基准点和基准线的距离，作为该待测点的定位参数，当任一待测点被定位后，就可以按照相关性原则和就近原则，将该点作为新的基准点(称为次基准点)来代替原基准点对其附近的其他待测点进行定位，即分别测量其他待测点到该次基准点和基准线的距离作为其定位参数。与其他定位方法相比，综合定位法的最大优势在于能够根据事故各方的相互作用关系，循着事故发生轨迹，通过不断地将已定位点作为次基准点来实现对其他待测点的定位，既方便现场测绘，又可直接展现现场相互关联元素间的位置关系。

(四) 现场记录图的绘图内容

现场记录图应当能够全面、客观、准确地反映出事故现场的全貌，包括现场的道路、交通设施、与事故有关的车辆、人体、痕迹物品等的方向、位置、形态、几何尺寸，以及道路周边的地物、地貌等。概括而言，除了现场一些明显与事故无关的事物可以不绘制，现场记录图至少应当具备以下基本内容。

(1) 基准点和基准线。

(2) 道路全宽和各车道宽度、路肩宽度及性质。

(3) 非水泥或非沥青道路的路面总宽、有效宽度、非有效宽度、几何中心线位置及路面性质。

(4) 遗留在路面的痕迹及其与相关物体、痕迹间的关系数据。

(5) 各被测车辆、人员、物体、痕迹等所在位置，距测量基准线尺寸及相互间距离。

(6) 现场的道路交通标志、标线、交通信号灯的位置和种类。

(7) 事故发生所涉及的路口、道路开口相对位置及宽度。

(8) 弯道半径及 3%以上的道路坡度。

(五) 现场记录图的绘图方法

1. 手工绘图

现场记录图是在勘查现场的同时进行绘制并当场完成的，绘图过程需要与其他现场勘查工作配合进行、同步完成。由于在事故现场的绘图条件较差，因此对绘图一般只要求达到图栏内容填写齐全，图形符号使用正确，数据完整，尺寸与文字标注准确、清楚，图形比例大致统一，并能与现场勘查笔录、现场照片等相互印证和补充即可，对图面的工整性和比例精度则不作过高要求，但尽管如此，绘图人员仍然应当努力提高现场绘图的质量和速度。

现场记录图以平面图为主，需要表示局部情况时可以引出局部放大图，必要时也可绘制立面图或断面图。绘图过程一般按照由大到小和由粗到细的步骤进行：首先，根据现场情况确定需要绘制的空间范围，并选择相应格式的图纸，确定大致的绘图比例并构思图的总体布局；其次，在图纸的绘图栏内画出方向标、道路、交通标线和事故车辆、人体等现场主要元素，同时选定现场定位所需的基准点和基准线，现场范围较大的可使用双折线压缩无关道路的画面；再次，跟随勘查工作的推进，依次将测量到的各元素的定位参数、几何尺寸等相应标注在图上，并根据需要，针对现场的局部特征在绘图栏的空白区域或者另用图纸绘制局部放大图、现场立面图或现场断面图；最后，当现场各元素及其空间位置和几何尺寸绘制、标注结束后，应测量并标注道路全宽、各车道宽度、坡度、转弯半径等，并根据现场的实际情况画出道路两侧的主要地物和地貌，最终完成现场绘图。

2. 计算机绘图

随着现代计算机技术的飞速发展，尤其是平板电脑的普及，为了提高绘图效率和绘图质量，计算机绘图技术在交通事故现场勘查中的应用也日益广泛。目前可以用于交通事故现场绘图的计算机软件有多种，并可大体可分为通用型和专业型两类。其中，通用型软件中较有代表性的有 AutoCAD 和 Visio 等，其特点是功能强大但针对性较差，需要经过二次开发才能较好地满足交通事故的绘图需要；专业型软件又可大致分为普通绘图软件和基于摄影测量或三维激光扫描等勘测技术的自动绘图系统两种，前者多与平板电脑整合为方便携带的现场绘图系统，后者则需要与配套的摄影测量或三维激光扫描设备协同工作。由于普通绘图软件只是在替代传统绘图工具的基础上，部分简化了对具体图形的绘制，对绘图过程本身则并没有太多实质性改变，因此，虽然这有利于增强绘图的规范性，但对提高绘图速度收效甚微，而与之相比，自动绘图系统能够在摆脱人工测量的同时自动完成大部分绘图工作，从而有利于大幅提升现场勘查与绘图的速度和精度，无疑是未来交通事故现场勘查与绘图的发展方向。

本实训项目主要针对交通管理工程专业在校学生进行基本操作实训，故在此主要介绍手工绘制现场记录图。

三、实训内容与要求

（一）实训内容

对模拟交通事故现场进行实地测绘，制作交通事故现场记录图。

（二）实训要求

1. 交通事故现场测量的要求

(1) 勘验中应测量肇事车辆、人体、现场路面及有关物体的相对位置，并进行定位，明确基准，测量各类痕迹的位置、形状、尺寸等。

(2) 测量时应以道路边缘、标线或车辆的一侧为基准。

(3) 测量可用卷尺（或激光测距仪）或立体摄影测量的方法。

(4) 测量的最小计量单位为厘米。痕迹勘验需要时应精确到毫米。

(5) 测量误差：距离小于 50cm 的，最大误差允许为 0.5cm；距离为 50cm～10m 的，最大误差不得超过 1%；距离超过 10m 的，最大误差不得超过 10cm。对于使用摄影测量方法的综合测量误差不得超过 1%。

2. 所绘制的现场要符合相应的制作要求

(1) 现场记录图是记载和固定交通事故现场客观事实的证据材料，应全面、形象地表现交通事故现场的客观情况。但一般对于案情简明的交通事故，在能够表现现场客观情况的前提下，可力求制图简便。

(2) 绘制现场记录图需要做到客观、准确、清晰、形象，图栏各项内容填写齐备，数据完整，尺寸准确，标注清楚。用绘图笔或墨水笔绘制、书写。

(3) 交通事故现场图各类图形符号应按实际方向绘制。难以判明方向的可用“←”或“→”直接标注在道路图例内，注明道路走向的路名。

(4) 因痕迹、物证过小无法按比例绘制的，可用编号或特写画面表示。

(5) 在绘制完现场图后，要对照现场情况进行细致的核对检查，若有错误或遗漏应进行修改，交现场指挥员确认后，由当事人或证人签字。一经当事人或证人签字，现场图就不得再改动。

四、实训场地与器材

实训场地：交通事故现场勘查实训场。

实训器材：警戒带、交通事故现场勘查箱、钢卷尺、激光测距仪、绘图尺、人体模型、实验用车、图例模板、比例尺、颜料等。

五、实训步骤和方法

（一）实训准备

1. 实训情境设定

时间：20××年××月××日上午（下午）×时×分

地点：××线××km+××m

交通事故概况：根据情况选择设置汽车正面碰撞的现场、汽车碰撞行人现场、汽车与两轮车碰撞现场、汽车侧面碰撞现场、汽车单车事故现场、逃逸事故现场、高速公路事故现场等模拟现场。

2. 布置模拟事故现场

实训教师在实训场布置交通事故模拟现场，布置模拟现场应注意保证相关的交通元素齐全，基本符合事故发生规律。如人体位置、路面遗留的血迹位置、地面轮胎痕迹及现场环境、标志标线和相关物体等。

3. 分组和分工安排

对学生进行分组，同时按照两名学生负责测量，一名学生绘制现场记录图的方式进行分工。

（二）现场测量

现场测量应先静观后动手；先固定后提取；先下后上；先表面后内部。

1. 现场道路测量

道路勘测应当对道路的走向、道路的线形、附近的交通标志、安全设施、行车视距、周围环境等进行勘查，然后对可行路面、两侧路肩和弯道半径等进行测量，同时需要在现场图上配合文字标注加以说明。

2. 测量固定点和固定线的选择

遵从《道路交通事故现场图绘制》（GA 49—2014）中的统一规定，选择测量固定点和固定线。

3. 现场交通元素测量

对现场元素进行测量必须首先选择测量的参考点，它对于测量的准确性是至关重要的，所以在进行现场元素测量之前首先要选择合适的参考点。

（1）现场地面痕迹的测量。

交通事故中的痕迹种类繁多，任何碰、撞、刮、擦、碾、压、翻，都会在道路、物体等表面留下各种类型的痕迹。通过对这些痕迹的测量，可以判断人、车的运动过程和接触点，有助于对事故发生的过程进行分析。

①轮胎拖印痕的测量。

测量轮胎拖印痕，首先要确定印痕的归属点和起止点，并应在制动车轮后标出。应测量印痕起点至道路边缘的垂直距离，以判断车辆制动生效时的车辆位置。

各个车轮的制动拖印痕应分别绘制，拖印用实线表示，压印用虚线表示。

断续制动拖印，应分别测量各段拖印的长度及空隙距离，有助于分析车辆的制动情况。

对呈曲线状的拖印进行测量时，应用软尺随着弧线进行测量，并测量出曲线突出点至道路边缘的垂直距离

②路面其他痕迹的测量。

如车辆在路面上形成的横移痕迹、自行车突出部位在路面上留下的擦痕、人体鞋底在路面上形成的挫擦痕迹及服装纤维、人体组织、毛发、血迹附着在路面上的痕迹，通过对这些痕迹的勘查，可以判断车辆的运动过程和接触点。

路面痕迹的测量方法与车辆拖压印痕的测量相似，主要要标清产生痕迹的部位、起止点、长度、面积、在道路上位置等，有时为了减少现场图上的线条，提高清晰度，可以做上记号，在现场图的空隙处用文字加以说明。

(2) 车辆停止位置的测量。

车辆停止位置的测量，主要是确定车辆发生事故后在现场的具体空间位置。测绘时，先画出车辆正投影在路面上的具体位置，然后测量参考点到边缘线(基准线)的垂直距离。

涉及板车、畜力车时，应测量前、后两端最突出点至道路边缘的垂直距离，同时测量轮胎轴心至道路边缘的距离。

涉及人力三轮车时，应测量三轮车前后轴心至道路边缘的垂直距离。

对其他车辆进行勘测时，可参照上述方法进行。

(3) 人体测量。

首先应画出人体倒地姿势和倒地的部位，然后分别测量人体头部和脚跟部至道路边缘线的垂直距离。注意清楚反映倒地姿势，如趴、侧、仰等人体倒地的姿势、位置(必要时用文字加以说明)，有助于分析事故有关方的具体行进位置、事故发生经过等。

(4) 血迹、散落物的测量。

通过对交通事故现场道路上的血迹位置、散落物进行测量，可以判断车辆发生事故时的撞击力和撞击方向，有时还可以推算出车辆行驶速度、判断撞击过程等。

对现场血迹进行勘测时，可以在现场记录图上标出其形态，然后测量出血迹的范围以及血迹中心部位至道路边缘的垂直距离。

对于散落物测量，应注明物品名称，并准确测量其范围和具体位置，还需查清这些物品出自哪里。

4. 现场元素间距离测量

当现场上与事故相关的人、车、物的位置明确后，应测量现场上各物体之间的关系，也就是相互间的距离和角度，以进一步了解和判断交通事故发生的概况。

(1) 自行车与汽车间的距离。

一般测量自行车前轮轴心到最近的汽车车轮中心的直线距离。若能准确确定是被汽车哪一部位撞的，应测量该部位至自行车中轴的直线距离。

(2) 汽车与汽车间的距离。

应测量两车之间的横距或两车交叉的情况等，横距以两车之间垂直距离为准。如果有一方已离开现场，可在证人、当事人的指示下，确定具体位置，用虚线在现场图上标

明并进行测量，但不能直接作为证据，只能供分析事故时参考。

(3) 血迹与汽车间的距离。

一般应测量血迹到汽车最近轴心的距离。

5. 车体痕迹测量

对于在车体上发现的痕迹，要根据现场上的其他材料，判断痕迹产生的原因，然后对现场其他车、人、物进行检查，只有当造成痕迹的双方都找到，并检验吻合时，痕迹原因才能最后认定。若一时不能确定，可记录在案，待临场分析时解决。

车体痕迹确定后，可用平面图或立体图标明其所处部位、离地高度和具体形态(长、宽、深浅程度)。还可以通过痕迹照相来提取记录，对于可提取的痕迹，要尽量地提取保存以备查验。

(1) 机动车痕迹的测量。

机动车碰撞时会在前部、侧面、底盘、轮胎等部位留下痕迹，应测量痕迹的部位、面积、距地高度等。

(2) 自行车痕迹的测量。

事故现场中，自行车与其他车辆发生碰撞而被碾压的情况较为常见。对于自行车痕迹，应测量痕迹的部位、形状、面积和距地高度，并根据测量得到的数据，分析受外力撞击和被碾压时的演变过程。

(三) 现场记录图的绘制

现场记录图应反映现场地形、现场元素的位置和必要的数据，包括事故分析、事故认定所需的一切资料，并可据此复制现场和绘制现场比例图。

现场记录图是在现场边勘查、边测量、边绘制的现场图，因此，必须与现场实地勘验工作紧密结合，互相配合，互相衔接，避免产生互相干扰、互相矛盾的现象。

1. 绘制现场道路

绘制现场道路主要是将事故现场所处的道路条件的测量结果绘制下来，它所反映的内容主要是道路走向、道路线型、交通环境等。当现场勘查人员全面了解现场情况时，绘图人员进行现场道路的绘制为适宜的时机。

首先确定道路走向，然后根据实际情况绘制道路边线、路肩、边沟、路树，再绘制道路分道情况、交通设施、视距障碍物等，最后标注道路数据。

2. 绘制现场元素

当现场勘查人员开始具体测量现场时，绘图人员的现场道路绘制已经完成，此时应将现场上的车辆、人、畜、痕迹、散落物等元素的位置及其相互关系绘制在图纸上，并将定位数据标注清楚。

受图面影响无法标注的数据，应记录在附录栏内。

车体、物体上的痕迹，可以根据需要用立面图、剖面图表示，并进行测量和标注，尺寸单位是厘米。

3. 履行法律手续

现场记录图是一种证据材料，必须履行一定的法律手续。由参加勘查的交通警察、当事人或者见证人签名。当事人拒绝签名或者无法签名以及无见证人的，应当记录在案。

（四）教师点评

(1)主讲教师和辅助教师在学生进行现场实训过程中，及时发现、纠正在现场测绘图过程中存在的问题。

(2)在实训结束后，每组学生进行总结汇报，其他学生进行补充和纠正，最后授课教师对各组实训情况进行点评。

六、典型实训情境操作步骤示例

（一）实训准备

1. 实训情境设定

时间：20××年××月××日上午(下午)×时×分

地点：国道××线××km+××m

交通事故概况：汽车碰撞行人交通事故现场。一名行人从道路北侧下客车后，横穿公路，与一辆自西向东直行的轻型货车发生碰撞，造成行人死亡、车辆受损的交通事故。

2. 布置模拟事故现场

实训教师在实训场布置交通事故模拟现场，应注意保证相关的交通元素齐全，基本符合事故发生规律。实训现场布置示意图见图 7-5。

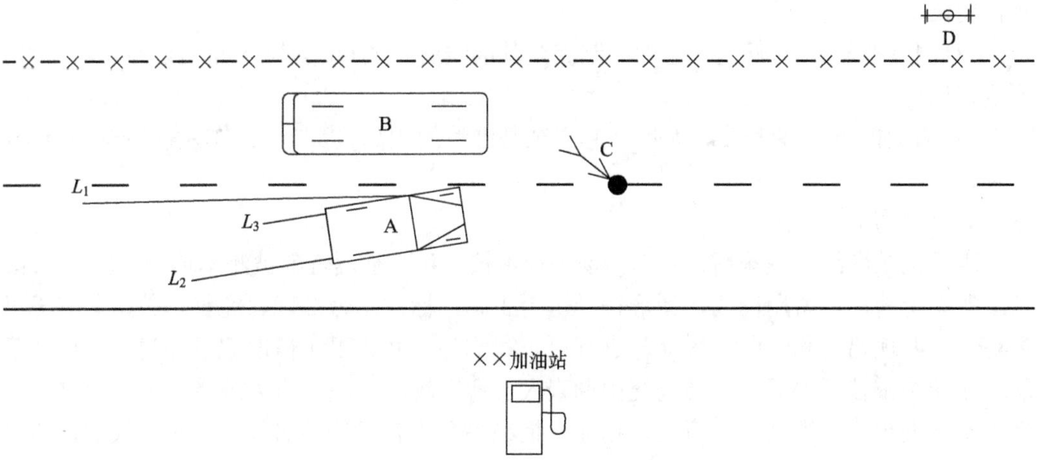

图 7-5　交通事故模拟现场示意图

3. 分组和分工安排

以 3 名学生为一组，对学生进行分组，同时按照 2 名学生负责进行测量，1 名学生绘制现场记录图进行分工。

（二）现场测绘

此事故现场的道路线型为直线，现场图采用直角坐标定位法，确定D点电杆为基准点，以道路北侧边线为基准线，基准点与基准线的交点为坐标原点，基准线为X轴，假设过基准点，垂直于基准线的直线为Y轴，建立平面直角坐标系。采用一名学生测量并记读测量结果，另外一名学生绘制测量线并记录测量数字的方式。

1. 测绘道路结构，标注道路走向及方位

道路为双向两车道，北侧边缘设置有波形护栏，南侧路外为加油站。

2. 测绘人体、车辆等现场元素

(1) 测量人体头顶部、足跟部到基准线的距离（Y轴数据）；测量人体头顶部平行于基准线到基准点的距离（X轴数据）。

(2) 测量B车右前后轮轴心到基准线的距离；测量B车右后轮轴心平行于基准线到人体头顶部的距离。（B车虽未直接与行人碰撞，但与事故的发生有联系，因此，需要确定为现场元素并进行测绘。）

(3) 测量A车左前后轮轴心到基准线的距离；测量A车左前轮轴心平行于基准线到B车右后轮轴心的距离。

3. 测绘路面痕迹

(1) 测量血迹面积（血迹中心点与人体头顶部重合，不需定位）。

(2) 测量拖印L_1的长度、宽度，起点至基准线的距离（止点与A车左后轮轴心重合，不需定位）。

(3) 测量拖印L_2的长度、宽度，起点至基准线的距离（止点与A车右前轮轴心重合，不需定位）。

(4) 测量拖印L_3的长度、宽度，起点至基准线的距离（止点与A车左前轮轴心重合，不需定位）。

4. 审核绘图结果

现场记录图绘制完毕后，应当当场进行审核，并注意检查各被测车辆、人员、物体、痕迹等有无遗漏，所用图线、图形符号是否正确，标注是否准确、完整，数据间有无矛盾等，若发现错误和缺漏，应立即进行更正和弥补，并将更正情况记录在说明栏内。现场记录图经审核无误后，应当场交由勘查人员和在场的事故当事人或者见证人签名，绘图人员本人也应当签名。当事人、见证人拒绝签名或者无法签名以及无见证人的，应当在现场图上注明。

七、实训报告要求

(1) 以小组为单位提交实训报告。

(2) 实训报告格式符合本课程实训报告统一要求（见附录）。

(3) 实训报告内容应当规范、完整记录实训过程，认真总结实训过程中遇到的问题，阐述实训体会。

(4) 在实训报告后，附上实训过程中绘制的交通事故现场记录图，参考图样见图7-6。

道 路 交 通 事 故 现 场 图（图例1）

到达事故现场时间	2011年 9月 29日 12时 10分	天　气	晴	路面性质	沥青
事故发生地点	国道XXX线XXXX KM+XXXXM				

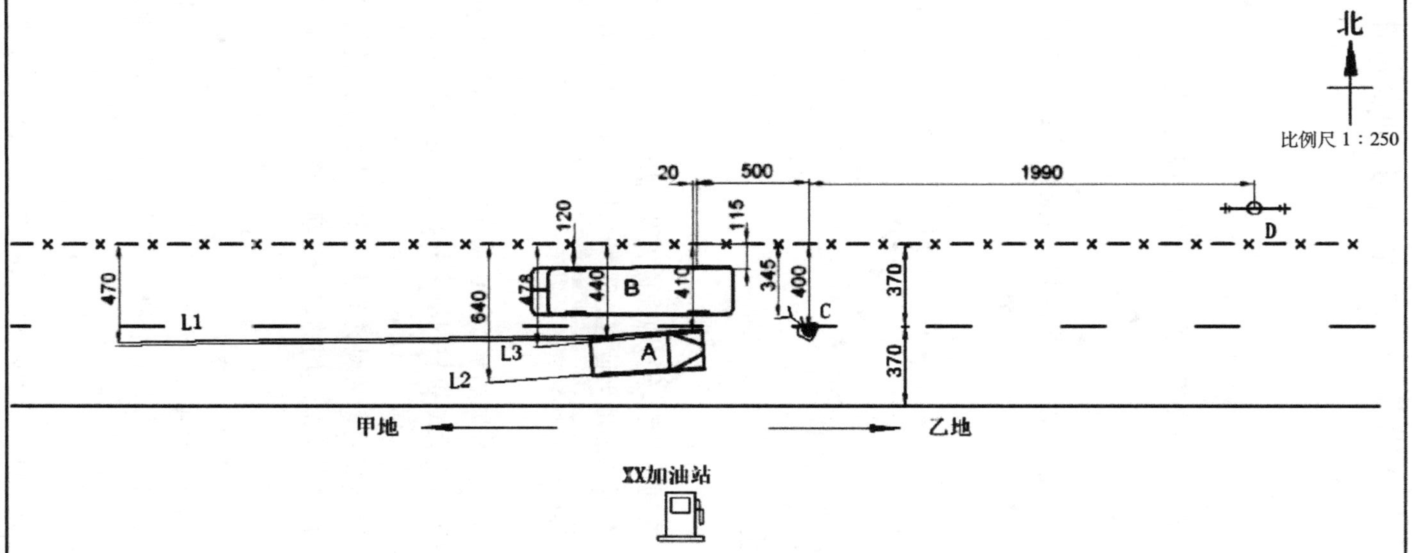

说明：

A:川XXXXXX号轻型货车；B：川XXXXXX号大型客车；C：死者XXX，头部处地面遗有50×50平方厘米的血迹；D：XXX号电杆（基准点）。L1：长2180厘米，宽50厘米；L2：长920厘米，宽20厘米；L3：长695厘米，宽20厘米。

绘图时间：2011年 9月 29日 21时 10分

勘查员：　　　绘图员：　　　当事人或见证人签字：

图 7-6　交通事故现场记录图参考图样(单位：cm)

实训项目八　道路交通事故现场勘验照相

一、实训目的

（一）知识方面

能够掌握道路交通事故现场勘验照相相关技术标准、规定及照相原理等基本知识。

（二）能力方面

能够运用勘验照相的方法，按照相关的标准和规定固定道路交通事故现场证据。

（三）素质方面

能够具备法治意识、规范意识、科学意识，以及以严谨的工作态度认真细致地完成工作任务的素质。

二、道路交通事故现场勘验照相导引

（一）勘验照相的种类

1. 方位照相

方位照相是指反映道路交通事故现场的地理位置及现场与周围环境相互关系的专门照相。方位照相的拍摄内容有现场的地理位置、现场与周围环境的相互关系、固定标识物、环境标识、交通设施、道路的形态等。

2. 概览照相

概览照相是指反映道路交通事故现场全貌及道路交通事故元素宏观相互关系的专门照相。概览照相的拍摄内容有道路交通事故现场全貌、现场的道路交通事故元素等。

3. 局部照相

局部照相是指反映部分道路交通事故现场范围内道路交通事故元素位置关系的专门照相。局部照相的拍摄内容有交通事故现场的重要局部、道路交通事故局部现场的元素等。

4. 元素照相

元素照相是指反映道路交通事故元素的外观、状态的专门照相。元素照相的拍摄范围为事故现场相关的元素，包括人（尸）体、车辆、道路设施、现场地面痕迹、散落物和血迹等。

5. 细目照相

细目照相是指反映道路交通事故元素局部细节、物证及表面痕迹特征的专门照相。细目照相的拍摄内容有人（尸）体痕迹、地面痕迹、车体痕迹等。

6. 比对照相

比对照相是指反映造痕体和承痕体接触部位与接触方式的专门照相。比对照相的拍摄内容为经勘查确定的承痕体与造痕体。

（二）勘验照相的基本方法

1. 相向机位拍摄

采用相向机位拍摄时应从相对的方向对同一场景或物体分别进行两次拍摄，如图 8-1 所示。

2. 多向机位拍摄

采用多向机位拍摄时应从三个以上的方向，对现场同一场景或物体分别进行环绕拍摄，如图 8-2～图 8-4 所示。

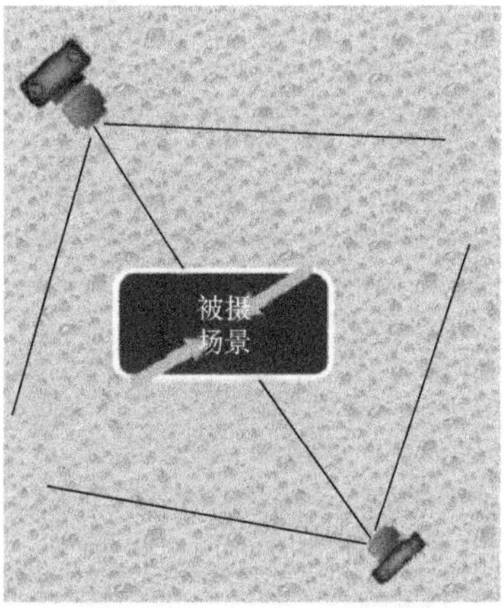

图 8-1　相向机位示意图

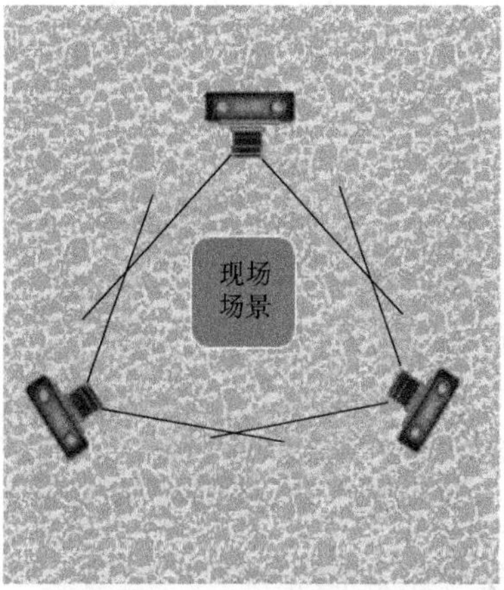

图 8-2　三向机位示意图

图 8-3　四向机位示意图

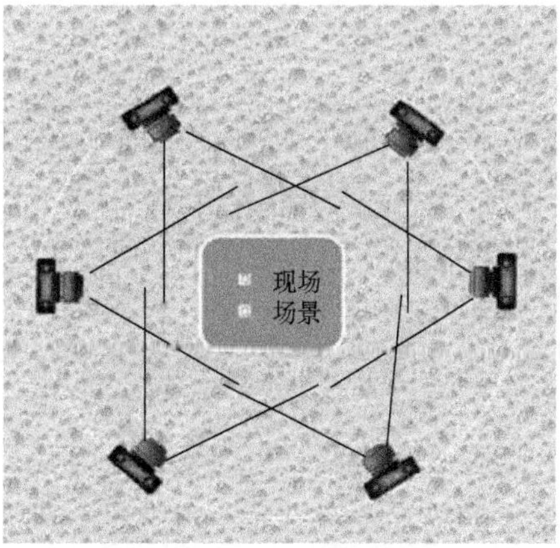

图 8-4　多向机位示意图

3. 回转机位连续拍摄

采用回转机位连续拍摄时，应以现场中心点拍摄为轴心，左右各转动小于 20° 的相同角度对现场进行拍摄，如图 8-5 所示。

4. 直线机位连续拍摄

采用直线机位连续拍摄时，应确保相机焦平面和被摄物平面平行，沿着与被摄物等距离的同一直线上平行移动，对被摄物分段拍摄，如图 8-6 所示。

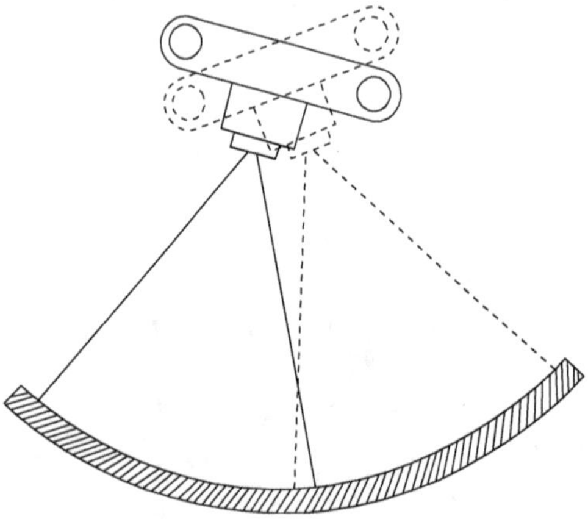

图 8-5 回转机位连续拍摄

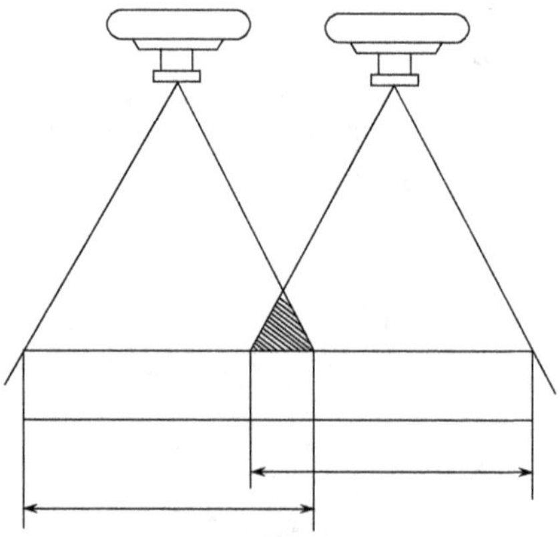

图 8-6 直线机位连续拍摄

5. 高点拍摄

采取无人机、航拍或在建筑物高处以俯视或近似垂直角度对事故现场进行拍摄。

(三) 勘验照相的用光

1. 顺光

顺光也称正面光，是指光线投射方向与摄影机光轴方向一致的光线。

2. 前侧光

前侧光，是从照相机到被摄体的轴心成–50°～30°的方向照明被摄体。

3. 正侧光

正侧光，是从照相机到被摄体的轴心成直角的方向照明被摄体。

4. 侧逆光

侧逆光，是从照相机到被摄体的轴心成 135°的方向照明被摄体。

5. 逆光

逆光，是光源正对着镜头，从被摄体后面射来的光线。

6. 顶光

顶光，是光线的投射方向和摄影机光轴方向大致构成垂直关系的光线。

(四) 交通事故照片卷的制作

1. 交通事故照片卷的组成部分

交通事故照片卷由封面、正文(照片)、正文载体三部分组成。

(1)道路交通事故照片卷封面内容：事故编号、案卷题名、制作单位、事故时间、事故地点、拍摄人、拍摄日期、制卷人、制卷日期、卷内照片张数。

(2)道路交通事故照片卷正文(照片)内容：照片、标引线、文字说明。

(3)道路交通事故照片卷正文载体内容：方位、概览、局部、元素、细目和比对照片。

2. 交通事故照片的编排要求

(1)应按方位、概览、局部、元素、细目和比对照片的顺序编排。

(2)根据需要，局部、元素、细目和比对照片可穿插编排。

(3)细目照片应与局部、元素照片相对应。

3. 交通事故照片的标注要求

照片标引应符合 GB/T 29351—2012 中的 8.2 的要求。

道路交通事故照片卷应附注文字说明，文字说明要求如下。

(1)文字说明应与照片对应。

(2)文字说明内容应通俗、简练、严密、准确，方位照片和概览照片的文字说明应体现出拍摄方向，局部照片和比对照片的文字说明应体现出被摄主体的名称、比对关系。

(3)文字说明可手写或打印，手写字迹应工整、清晰、可辨，打印字体为三号宋体。

(4)文字说明中带有计量单位的数字，应采用阿拉伯数字。

(5)文字说明中应采用法定计量单位，并书写该计量单位的符号或代号，如毫米应写作 mm。

(6)文字说明应粘贴或打印在照片下方，距照片边缘 5～10mm 的居中部位。

4. 交通事故照片的归档要求

(1)对肇事人追究刑事责任的交通事故，应分别制作一式两份照片归入案卷的正本和副本。

(2)数码照片应保存原始图像文件，刻制光盘，光盘上应注明案件的名称、发生时间、地点、案件性质、拍摄日期、拍摄人等信息，并与案卷统一归档。

三、实训内容与要求

(一)实训内容

(1)照相器材的使用。

(2)勘验照相的基本方法运用。

(3)不同光照条件下道路交通事故现场方位照相、局部照相、细目照相、概览照相、元素照相、比对照相的拍摄。

(4)交通事故照片卷的制作。

以上实训内容分 5 次完成，见表 8-1。

(二)实训要求

要求学员在事故现场经过仔细观察以后，对所有与事故相关的元素逐一进行照相，不得遗漏。顺序建议先人与痕迹，再车辆，最后是道路交通设施、标志性设施或建筑物。

表 8-1 实训阶段与内容

<table>
<tr><th>次数</th><th>内容</th><th>场地</th><th>时间</th></tr>
<tr><td rowspan="2">第 1 次</td><td>照相器材的使用</td><td>教室、校内场景</td><td rowspan="3">白天</td></tr>
<tr><td>勘验照相的基本方法运用</td><td>校内场景</td></tr>
<tr><td>第 2 次</td><td>方位照相、局部照相、细目照相的拍摄</td><td>校内道路</td></tr>
<tr><td>第 3 次</td><td>概览照相、元素照相、比对照相的拍摄</td><td>校内道路</td><td>夜间</td></tr>
<tr><td>第 4 次</td><td>现场照片拍摄综合实训</td><td>校外道路</td><td rowspan="2">白天</td></tr>
<tr><td>第 5 次</td><td>交通事故照片卷的制作</td><td>教室</td></tr>
</table>

1. 方位照相的要求

(1) 能反映出现场地理位置标识物、道路环境、交通设施的相互关系以及道路形态特征。

(2) 现场位于路段的，应沿道路走向相向拍摄，视角尽量涵盖现场所有车道。

(3) 现场位于路口的，应沿道路走向从三个或三个以上不同方向对现场及周围环境进行拍摄，视角覆盖整个路口范围。

2. 概览照相的要求

(1) 视角应覆盖全部现场元素，尽量避免现场元素之间相互遮挡，并能反映道路交通事故各元素之间的宏观位置关系。

(2) 现场位于路段的，应结合道路走向或车辆行驶轨迹进行相向拍摄，视角涵盖现场所在车道。

(3) 现场位于路口的，应沿道路走向从三个或三个以上不同方向进行拍摄，视角涵盖路口区域。

3. 局部照相的要求

(1) 应能反映道路交通事故元素间的相互关系，同时避免被拍摄主体相互遮挡。

(2) 拍摄路面轮胎痕迹与车辆位置关系时，应将机位设置于痕迹起点处，视角应覆盖痕迹起点和车辆位置的空间区域，照片应能尽量反映痕迹的起点、止点和走向。

4. 元素照相的要求

(1) 人（尸）体拍摄要求。

①先定位，再拍摄。

②死亡两人以上的，先编号，再拍摄。

③应反映所在现场位置、姿态和衣着情况。

④应反映体表及衣着表面的破损、痕迹、血迹、附着物。

(2) 事故现场相关车辆拍摄要求。

①应反映车辆位置和状态。

②应反映车辆外观，包括车体、轮胎、号牌、灯光和附加物等。

③应反映车辆破损变形情况。

(3) 道路设施拍摄要求。

①应反映现场道路交通标志全貌。

②应反映被撞设施的整体状态和受损部位。

(4) 现场地面痕迹拍摄要求。

①应反映痕迹的起点、止点、突变点和走向。

②痕迹与背景对比不大时，在确保不破坏痕迹的条件下，可用粉笔标画痕迹外廓。

③被拍摄元素不小于画面的 2/3。

(5) 散落物和血迹拍摄要求。

应反映散落物和血迹的位置、方向与形态特征。

5. 细目照相的要求

(1) 应贴放比例尺，比例尺的贴放和选择应符合《比例照相规则》(GB/T 23865—2009)中的要求。

(2) 应清晰地反映痕迹、损伤和比例尺刻度。

(3) 被拍摄主体应不小于画面的 2/3。

(4) 弱光条件下拍摄，可提高相机的感光度和曝光补偿。

6. 比对照相的要求

(1) 应确认痕迹对应关系，分析判断承痕体与造痕体的接触部位和接触方式。

(2) 应垂直于痕迹所在平面，分别拍摄承痕体与造痕体接触部位的细目照片。

(3) 有条件的，应按接触方式摆放承痕体与造痕体，拍摄两者的关系照片。

四、实训场地与器材

(一) 实训场地

根据不同的阶段分别选择教室、校内场景、校内道路、校外道路等场地进行实训。

(二) 实训器材

(1) 数码照相机(符合国家技术标准) 按不低于每 2 人 1 台配备。

(2) 道具机动车、非机动车、人体模型、散落物、红色颜料，按每 2 组学员一组道具配备。

(3) 圆锥筒、警戒带等防护器材。

(4) 记录用夹板、A4 纸若干。

(5) 道路交通事故照片卷封面、封底。

(6) 照片打印纸。

(7) 照片粘贴纸。

实训器材见表 8-2。

表 8-2　实训器材

次数	内容	器材
第 1 次	照相器材的使用	数码照相机(符合国家技术标准) 按不低于每 2 人 1 台配备
	勘验照相的基本方法运用	

续表

次数	内容	器材
第 2 次	方位照相、局部照相、细目照相的拍摄	1. 数码照相机(符合国家技术标准)按不低于每 2 人 1 台配备； 2. 道具机动车、非机动车、人体模型、散落物、红色颜料，按每 2 组学员一组道具配备； 3. 圆锥筒、警戒带等防护器材； 4. 记录用夹板、A4 纸若干
第 3 次	概览照相、元素照相、比对照相的拍摄	
第 4 次	现场照片拍摄综合实训	
第 5 次	交通事故照片卷的制作	1. 道路交通事故照片卷封面、封底； 2. 照片打印机； 3. 照片打印纸(打印前次实训作业中选取的事故照片)； 4. 照片粘贴纸

五、实训方法与步骤

(一) 实训方法

1. 实训预习

授课教师实训前告知参训学生每次实训的内容，要求复习每次实训内容相关的教学内容和课堂笔记，并熟读本次实训中所需照相器材及其他相关装备的使用说明。

2. 实训手段

(1) 教师规范讲解和演示。

(2) 学生操作。

(3) 学生观察与记录。

(4) 学生自评与互评。

(5) 教师点评。

3. 实训报告

实训过程中及实训结束后，教师应要求学生按要求完成实训报告并及时批阅与反馈。

(二) 实训步骤

1. 课前准备

(1) 器材保障。

根据每次实训的不同要求，授课教师应检查学生着装与多功能反光腰带、反光背心等防护装备穿戴情况；安排学生前往仓库负责领取所需各类实训器材并运送到实训场地，结束后再负责归还仓库；安排拍摄用道具及运送车辆。

实验器材准备分工表见表 8-3。

表 8-3 实训器材准备分工表

次数	内容	器材保障
第 1 次	照相器材的使用	安排学生前往仓库负责领取所需各类实训器材并运送到实训场地，结束后再负责归还仓库
	勘验照相的基本方法运用	

续表

次数	内容	器材保障
第 2 次	方位照相、局部照相、细目照相的拍摄	1. 安排学生前往仓库负责领取所需各类实训器材并运送到实训场地，结束后再负责归还仓库； 2. 安排领用拍摄用道具
第 3 次	概览照相、元素照相、比对照相的拍摄	
第 4 次	现场照片拍摄综合实训	1. 授课教师应检查学生着装与多功能反光腰带、反光背心等防护装备穿戴情况； 2. 安排学生前往仓库负责领取所需各类实训器材并运送到实训场地，结束后再负责归还仓库； 3. 安排拍摄用道具及运送车辆
第 5 次	交通事故照片卷的制作	1. 分发道路交通事故照片卷封面、封底、照片粘贴纸； 2. 要求学员从前次实训完成的作业中挑选符合要求的照片若干组

(2) 人员安排。

指导教师负责全程实训和监督。其中第 2～第 4 次实训中，指导教师按每 2 组实训学员不少于 1 名配备。

学生按每组不多于 8 人分组，每组设立 1～2 名学生担任组长；每个小组的成员轮流操作或观察记录。

2. 实训演示

授课教师讲解本次实训的内容和要求，本人示范本次实训的操作方法。授课教师在开始实训的时候，先通过规范的操作流程进行演示，然后抽取每个小组的组长组成第一特训小组开始实训，第一特训小组的训练过程必须非常详细和规范；训练过程中，如果出现偏差和失误，应当及时纠正、讲解。训练完成以后，马上让其再重复进行一次完整的、规范的实训过程，确保第一特训小组的每位成员都确实掌握本次实训的要点。在第一特训小组训练过程中，其他学生现场观摩并做笔记，第一特训小组完成训练以后，该小组成员作为小教员，回到各个小组中进行示范与训练。

3. 学生操作

所有学生根据示范和实训要求进行操作。其中，第 2～第 5 次实训各小组轮换对不同形态的交通事故现场进行操作。

4. 学生自评与互评

每名学生在实务操作之后，自我点评操作中的不足和失误，其他学生进行补充和纠正；授课教师可参与点评和记录学生的发言。

5. 教师点评

授课教师在学生实务操作过程中进行巡视，及时发现、纠正学生实务操作中的不规范之处。每次实训项目结束后，授课教师对各小组的实训过程进行归纳点评。

6. 布置作业

每次实训结束后，授课教师根据实训内容向学生布置课后作业。

7. 结束工作

(1) 收集实训器材，撤除模拟现场，恢复原样。

(2)清点学生人数、学生整队带回。

(3)归还实训器材。

六、实训报告要求

(1)以小组为单位提交实训报告。

(2)实训报告格式符合本课程实训报告统一要求(见附录)。

(3)实训报告内容应当规范、完整记录实训过程，认真总结实训过程中遇到的问题，阐述实训体会。

(4)在实训报告后，附上实训过程中拍摄的事故现场照片。

实训项目九　道路交通事故现场勘验摄像

一、实训目的

（一）知识方面

掌握道路交通事故现场勘验摄像的基本方法、要求；掌握道路交通事故现场勘验摄像视频的编排、制作方法。

（二）能力方面

理解并掌握道路交通事故现场勘验摄像的基本方法。能够在摄像完成后，对采集的影像进行编排、制作，形成道路交通事故现场勘验摄像视频。学生可以具备道路交通事故现场勘验摄像的技能。

（三）素质方面

提高学生的动手能力、学习兴趣，培养学生严肃认真、实事求是的科学态度和严谨的工作作风，树立忠于职守、便民利民的理念。

二、道路交通事故现场勘验摄像导引

道路交通事故现场勘验摄像是利用摄像设备、器材以及其他方法获取交通事故现场的相关图像信息，以对交通事故现场进行记录的一项专业活动。摄像获得的图像信息可以作为道路交通事故现场图及道路交通事故现场勘验照片的有效补充，为调查和处理道路交通事故提供有效的信息与证据支持。

（一）道路交通事故现场勘验摄像的要求和基本方法

1. 道路交通事故现场勘验摄像的要求

根据《道路交通事故处理程序规定》第三十三条的规定，发生一次死亡三人以上事故的，应当进行现场摄像。其他类型的道路交通事故，可按需决定是否进行现场摄像。

2. 道路交通事故现场勘验摄像的基本方法

按照道路交通事故现场勘验阶段、拍摄对象、拍摄内容的不同，道路交通事故现场勘验摄像的拍摄方法可分为现场方位摄像、现场概览摄像、现场中心摄像和现场细目摄像四种。摄像前应预先做好准备工作，拍摄时则应选择好光照及拍摄角度，保证拍摄画质的清晰、明亮。

（二）道路交通事故现场勘验摄像视频的制作

依据事故现场的规模、拍摄的所得视频材料和视频编辑者所要反映的主题，可灵活选择不同的视频编辑方式和技巧。视频资料的编辑则根据视频编辑者的喜好，选择不同的视频制作软件完成。

需要注意的是，最终编辑完成的视频要能完整反映事故现场的真实情况，能作为道路交通事故现场图及道路交通事故现场勘验照片的有效补充。不得有艺术夸张，从而影响视频资料的完整性和真实性。

三、实训内容与要求

（一）实训内容

对模拟的道路交通事故现场进行勘验摄像，选择不同的道路条件（平面交叉路口、三岔路口、直线路段）进行拍摄，制作出道路交通事故现场视频录像（片）。

（二）实训要求

1. 道路交通事故现场勘验摄像的拍摄要求

（1）道路交通事故现场勘验摄像必须与道路交通事故现场勘验照片和道路交通事故现场勘查笔录保持一致。

（2）拍摄所反映的内容应与交通事故本身有关联。

（3）采集的影像内容应无视认障碍，影像清晰，与交通事故相关的照片应保持真实完整，并能作为其补充。

（4）摄像机的成像分辨率不低于 100 万像素。

2. 道路交通事故现场视频的制作要求

（1）制作完成的视频要能完整反映事故现场的真实情况，且要符合事物的发展逻辑，符合生活规律及交通事故处理的程序规定。

（2）视频内镜头间的切换要自然、顺理成章，并且要依据勘查过程中重点的多少把握好每一个镜头的最佳时长。

四、实训场地与器材

实训场地：交通事故现场勘查实训场。

实训器材：警戒带、交通事故现场勘查箱、摄像机、人体模型、实验用车、比例尺、粉笔、颜料等。

五、实训步骤和方法

（一）实训准备

1. 实训情境设定

时间： 20××年××月××日上午（下午）×时×分

地点： 国道××线××km+××m

交通事故概况： 根据情况选择设置汽车正面碰撞的现场、汽车碰撞行人现场、汽车与两轮车碰撞现场、汽车侧面碰撞现场、汽车单车事故现场、逃逸事故现场、高速公路事故现场等模拟现场。

2. 布置模拟事故现场

实训教师在实训场布置交通事故模拟现场，布置模拟现场应注意保证相关的交通元素齐全，基本符合事故发生规律。如人体位置、路面遗留的血迹位置、地面轮胎痕迹及现场环境、标志标线和相关物体等。

3. 分组和分工安排

以2～4名学生为一组，合作完成拍摄，并实时检查拍摄效果，后期共同完成视频资料的编辑制作。

（二）现场拍摄

现场摄像应先做好相关准备工作，选好光照角度后再进行拍摄；先远后近，先整体后局部，先表面后内部。

1. 现场方位摄像

找到现场高处，以俯视方式进行远景拍摄，拍摄事故现场的方位。先用摇镜头拍摄周围环境，然后用推拉镜头表现现场的具体地址与周围环境间的位置关系，对于明显标志物（公路里程标志、现场建筑物门牌等）需运用近景或特写镜头将其记录。若事故现场较大，可借助无人机进行拍摄。

2. 现场概览摄像

采用全景镜头反映出现场元素相互间的空间位置关系。可先用摇镜头或移镜头将整个现场范围和现场概况拍摄下来，再用推拉镜头反映物品和环境、痕迹、物证以及周围物品的位置关系；也可采用跟镜头的方式随勘查人员的走动，拍摄现场不同部位现场元素的分布情况。

3. 现场中心摄像

先采用全景摇镜头反映重点地段、重点部位的状况，再用中景推拉镜头反映重点物体以及主要痕迹、物证与周围现场元素的联系，拍摄时为保证拍摄质量及拍摄物不变形，应灵活选择拍摄机位，不宜使用三脚架等设备固定拍摄。

4. 现场细目（痕迹、物证）摄像

现场细目摄像一般在详细现场勘查阶段进行。拍摄时，先用全景镜头、中景镜头固定痕迹、物证所在的位置，再用推拉镜头和摇镜头拍摄与周围现场元素间的位置关系，最后进行移动拍摄，用近景或特写镜头反映痕迹、物证的细微特征。

拍摄时要加比例尺，比例尺的贴放和选择应符合《比例照相规则》（GB/T 23865-2009）中3.4、3.5的要求，比例尺色调要与被摄物保持一致，保证精度。所拍元素不小于画面的2/3。

（1）人（尸）体的拍摄。拍摄时，先标划出人（尸）体的位置，死亡人数在两人以上的，应先对尸体进行编号后再进行拍摄。重点拍摄人（尸）体在现场的位置、姿态和衣着，以及人（尸）体体表和衣着表面的破损、痕迹、血迹、附着物等位置关系。

（2）车辆的拍摄。围绕车辆拍摄一周，拍摄车辆的位置、状态、外观（车体、轮胎、号牌、灯光和附着物等）及破损变形情况等。

(3) 现场地面痕迹的拍摄。拍摄车辆轮胎、车体及人体在地面遗留的痕迹，重点拍摄痕迹的起止点、突变点、走向、形态和尺寸等。若痕迹较小(短)，宜采用近景垂直拍摄。若痕迹与背景反差小，可在确保不污染痕迹的条件下，用粉笔标画痕迹外廓。

(4) 散落物和血迹的拍摄。拍摄散落物和血迹的位置、方向与形态特征。拍摄范围较小的散落物和血迹时，应采用近景或特写垂直拍摄。

(三) 现场勘验摄像视频的制作

现场勘查摄像视频的编辑、制作主要依托视频制作软件完成，制作者可依据自己的喜好及操作习惯自行选择。

(1) 筛选素材。对现场拍摄的原始影像进行筛选，按照所需表达内容的目的性和连续性删减不必要的影像内容，对于不够清晰的图像进行修正或删除。

(2) 编排制作。对筛选后的影像材料按照现场勘验的程序进行编排，按照勘查的先后顺序，从方位到中心，从中心到细目，从尸体到物体及个别的痕迹、物证，反映它们在现场的位置和相互间的关系，全面、系统地把整个现场的情况反映出来。

(3) 插入标题字幕。影像材料编排制作完成后，编辑插入标题，并配以字幕说明，文字排列以每行 10 字为宜，变换移动速度以每秒 3～5 字为宜，字幕制作文字要工整，可通过字幕机进行处理。

(4) 音频编辑。按需加入配音或伴音(解说、旁白、背景音乐、音响等)，解说词要求用语准确、语言流畅，以画为主，以语为辅，保持整体风格一致，解说时间不宜超过片长的 2/3。

(5) 输出保存。全部制作完成后，合成输出 CD、DVD、视频等效果的影像片并进行保存。一次死亡 3 人以上的交通事故，现场视频影像保存期限与该交通事故案卷一致。

(四) 教师点评

(1) 主讲教师和辅助教师在学生进行现场实训过程中，及时发现、纠正在现场拍摄过程中存在的问题。

(2) 在实训结束后，每组学生进行总结汇报，其他学生进行补充和纠正，最后授课教师对各组实训情况进行点评。

六、典型实训情境操作步骤示例

(一) 实训准备

1. 实训情境设定

时间：20××年××月××日上午(下午)×时×分

地点：国道××线××km+××m

交通事故概况：汽车碰撞行人交通事故现场。一名行人从道路北侧下客车后，横穿公路，与一辆自西向东直行的轻型货车发生碰撞，造成行人死亡、车辆受损的交通事故。

2. 布置模拟事故现场

实训教师在实训场布置交通事故模拟现场，布置模拟现场应注意保证相关的交通元素齐全，基本符合事故发生规律。实训现场布置图见图 9-1。

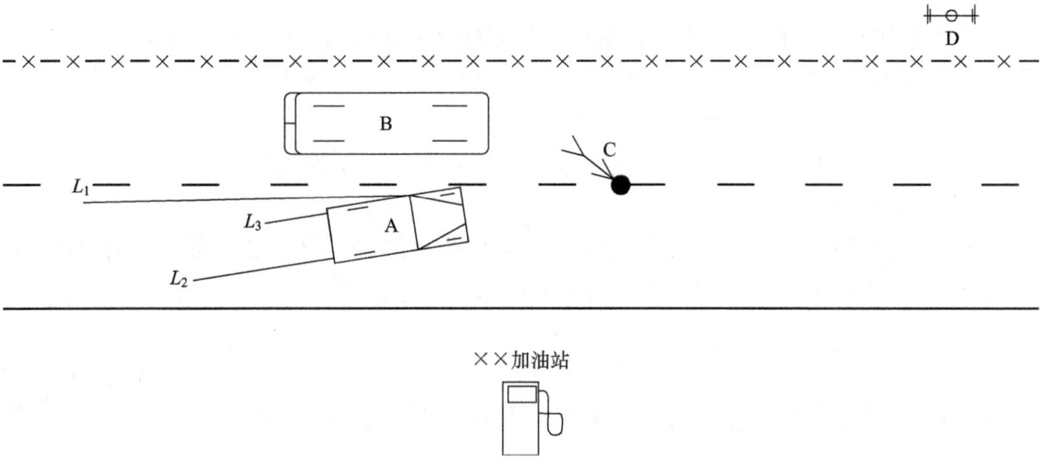

图 9-1　实训现场布置图

3. 分组和分工安排

以 2～4 名学生为一组，合作完成拍摄，并实时检查拍摄效果，后期共同完成视频资料的编辑制作。

（二）现场拍摄

由 1～2 名学生做好摄像前的准备工作，并依据现场光照情况调好摄像机的曝光。另外 1～2 名学生先期查看现场，选择好相应的拍摄机位和角度。

1. 进行现场方位摄像

按照先期查看好的方位，到高处以俯视方式对该事故现场进行远景拍摄。先用摇镜头拍摄事故现场的周围环境，然后用推拉镜头表现事故现场与周围环境间的位置关系，最后用近景或特写镜头拍摄电杆 D 及加油站。

2. 进行现场概览摄像

从高处回到事故现场平面，置拍摄机位于道路的东侧，采用全景镜头拍摄事故现场。适当地移动机位和摇镜头，反映出现场车辆 A、车辆 B、尸体 C、拖痕 L_1、L_2、L_3 及人体头部血迹间的空间位置关系。也可采用跟镜头的方式跟随勘查人员的走动，拍摄上述现场元素的位置分布情况。

3. 进行现场中心摄像

先将机位置于现场车辆 A、B 和尸体 C 间空档处，用全景摇镜头拍摄现场中心的情况。然后灵活选择拍摄机位，用中景推拉镜头拍摄车辆 A 及拖痕 L_1、L_2、L_3，反映出它们之间的联系。由于血迹与尸体 C 头部重合，可采用中景或近景推拉镜头反映两者间的联系。

4. 进行现场细目（痕迹、物证）摄像

（1）拍摄尸体 C。先用粉笔标划出尸体 C 的位置，用中景镜头绕尸体一周拍摄尸体 C

的全貌(位置、姿态、衣着等)，然后采用近景或者特写镜头拍摄尸体 C 的体表和衣着表面的破损、痕迹、血迹及附着物，拍摄的同时需加比例尺。

(2)拍摄车辆 A、B 。先用中景镜头围绕车辆 A、B 拍摄一周，记录车辆的全貌(位置、轮胎、车体、车牌、车灯等)。然后用近景或者特写镜头拍摄车辆外部、内部的痕迹、附着物及破损变形情况，拍摄的同时需加比例尺。

(3)拍摄地面痕迹 L_1、L_2、L_3。运用中景推拉镜头拍摄 3 条拖痕，重点突出这 3 条拖痕的走向、形态及起始点。

(4)拍摄散落物和血迹。由于此事故现场遗留的血迹位于尸体 C 头部，且面积较小，所以采用近景推拉镜头垂直拍摄血迹所处的位置和形态。

(三)现场勘验摄像视频的制作

移至机房教学或令学生课后制作完成，随实训报告上交。

七、实训报告要求

(1)以小组为单位提交实训报告。

(2)实训报告格式符合本课程实训报告统一要求(见附录)。

(3)实训报告内容应当规范、完整记录实训过程，认真总结实训过程中遇到的问题，阐述实训体会。

(4)除实训报告外，上交制作完成的现场勘查摄像视频 CD/DVD。

实训项目十　道路交通事故询问笔录制作

一、实训目的

（一）知识方面

掌握道路交通事故询问的方法和要求；掌握道路交通事故处理中询问的主要内容，了解掌握询问笔录的制作要求和注意事项。

（二）能力方面

巩固和消化所学相关理论知识，熟练掌握道路交通事故处理中询问的主要内容，能够独立制作道路交通事故询问笔录。

（三）素质方面

提高学生的动手能力、增强学习兴趣，培养学生严肃认真、实事求是的科学态度和严谨的工作作风及勇于探索的精神。

二、道路交通事故询问笔录制作导引

在交通事故处理中，当事人陈述和证人证言是交通事故处理的重要证据，对认定交通事故事实、分析交通事故原因、认定交通事故责任具有十分重要的作用，也是调查取证工作的重要组成部分。其中，询问笔录是固定当事人陈述和证人证言的主要形式，是认定交通事故案件事实的主要依据之一。我国法律规定要重证据、重调查研究、不轻信口供，但是不轻信口供并不等于轻视口供，口供比其他证据能更有力、更直接地证明案件的真实情况，尤其是在了解交通事故发生时当事人的主观心态、事故发生的细节、形成原因等方面具有其他证据不可替代的作用。

（一）询问的基本要求

(1) 询问应当个别进行，应该由两名交通警察询问交通事故当事人：一名交通警察询问；另一名交通警察按要求制作询问笔录。

(2) 制作道路交通事故询问笔录要准确、清楚、突出重点、具有逻辑性。

(3) 交通事故询问笔录用钢笔或水笔书写，不得用圆珠笔或者铅笔。

(4) 对主要当事人和关键证人的询问，询问前应做到：对全案基本了解，拟定询问提纲，进行有针对性的询问。

(5) 询问当事人、证人并制作询问笔录；现场不具备制作询问笔录条件的，可以通过录音、录像记录询问过程。

(二)道路交通事故询问笔录的版面格式和内容

(1)首部。这是询问的开始阶段，首部主要记录询问开始和结束的时间、询问的地点、被询问人的基本情况。询问时，人民警察要告知被询问人依法享有的权利和承担的义务。首次询问违法嫌疑人时，要询问是否受过刑事处罚、行政拘留或者劳动教养、收容教育、强制戒毒、收容教养等情况，必要时，还应当问明其家庭主要成员、工作单位、文化程度等情况。询问外国违法嫌疑人的，还应当问明其国籍、出入境证件种类及号码、签证种类、入境时间和事由等有关情况，必要时，还应当问明其在华关系人等情况。

(2)正文部分。正文部分是询问笔录的主要部分，首先由交通事故当事人或者交通事故证人自由陈述交通事故发生的有关情况，一般不要打断其陈述，记录陈述内容，然后按照交通事故的具体情况提问相关内容。正文部分是交通事故全部过程的核心部分，是有取舍地记录交通事故当事人或者交通事故证人陈述交通事故发生过程的主要内容。

(3)尾部。询问笔录末尾应当由被询问人写明“以上笔录我已看过，与我说的相符”并签名或者捺指印、注明日期。可加附页，并标明页码。

询问笔录是一种重要的证据材料，必须履行一定的法律手续。询问笔录应当由参加勘查的交通警察、当事人或者见证人签名。当事人拒绝签名或者无法签名以及无见证人的，应当记录在案。

三、实训方法与要求

模拟交通事故询问，进行笔录制作，选择不同的交通事故案例进行询问，然后制作出交通事故询问笔录。

(一)交通事故处理中的询问方法

(1)自由陈述法。自由陈述法就是让交通事故当事人就所知道的案件情况作详细叙述。一般在询问人员对案情还未掌握确实证据的情况下，常用这种方法询问交通事故当事人。交通事故当事人在自由陈述中，往往能无拘无束地陈述所记忆的案件情况，内容较广泛、具体。这样可以了解到交通事故当事人知道案件的哪些事实及对交通事故的态度。

(2)提问法。这种方法一般要求当询问人员对案情比较清楚时才采用，可以充分发挥询问人员的主观能动性，取得具体又真实的证言。运用提问法可以补充交通事故当事人在自由陈述中不详尽、不明确或遗漏和矛盾的问题，也可以对交通事故当事人过去提供的证言或书面证词进行复核。

(3)盘问法。盘问法就是询问人员对要询问的重要问题以盘问的方式提出，让交通事故当事人回答。一般在询问之初，大都采用自由陈述法或提问法。当发现证人故意隐瞒或陈述前后矛盾时，就要改为盘问法，用来澄清矛盾的陈述情况。

(4)影响情绪法。这是根据被询问人的个性采用激将、同情、斥责、离间等方法，影响其情绪，达到询问查证目的的询问方法。

（二）询问查证交通事故当事人、证人的用语

询问查证主要是交通事故处理民警和交通肇事者之间以语言问答的形式进行的，询问查证人员的每一句话，都会给被询问人以心理上的影响。因此，询问查证用语必须妥当才能达到询问查证的目的。恰当的用语有如下几种。

(1) 简单用语。询问查证用语应简单明了，如果一句话包括的内容太多或者难懂，容易使被询问查证者产生误解，不知如何回答。

(2) 婉转用语。肇事者若对询问查证有抵触情绪，则要求事故处理民警发问的措辞应婉转以减少刺激，使询问查证过程不冷场、不中断。

(3) 通俗用语。要求法律用语和专业名词不宜多用，而应使用与被询问查证人身份相适应的通俗用语，使其能正确理解询问查证人的意图。

(4) 温和用语。为了增加与肇事者心理的接触，要求语言不带刺激性，更不能挖苦讽刺、讥笑辱骂，尊重被询问人的人格尊严，宜用温和用语，并持严肃态度。

（三）询问查证交通事故当事人、证人的态度

询问查证人员态度的好坏，能促使被询问查证人坦白或抗拒。为了获取真实口供，询问查证人要善于克制，注意保持以下良好态度。

(1) 严肃。询问查证人员是法律的执行者，应体现法律的严肃性。要求询问查证人员时刻做到：着装整齐、仪表端庄、态度严肃、举止适度，使被询问查证人对询问查证人员产生敬畏之感。

(2) 诚恳。对肇事者诚恳耐心地介绍政策，实事求是地分析说理，提问合情合理且尖锐击中要害，最能使肇事者心服口服。

(3) 文明。询问查证人员的询问查证活动必须受法律约束。态度要文明，避免发脾气、耍态度、拍桌子、瞪眼睛，切不可感情用事。

（四）实训要求

(1) 询问笔录要真实、准确、全面、清晰。真实就是要忠实原意，实事求是地反映当事人或证人的陈述。准确就是用表意单一的语言来记录当事人或证人陈述中有关案件事实的关键问题。全面是指反映询问的过程要全面，陈述事实要连贯，详略得当，重要证词要记录原话。清晰就是要字迹清楚，段落分明。

(2) 对于没有阅读能力的被询问人，在笔录制作完毕前应当向其宣读，确认无误后填写核对意见。

(3) 询问未成年人时，应当通知其父母或者其他监护人到场，其父母或者其他监护人不能到场的，也可以通知未成年人的其他成年亲属或者学校、单位、居住地基层组织、未成年人保护组织的代表到场，并将有关情况记录在案。确实无法通知或者通知后未到场的，应当在询问笔录中注明。

(4) 询问聋哑人，应当有通晓手语的人提供帮助，并在询问笔录中注明被询问人的聋哑情况以及翻译人员的姓名、住址、工作单位和联系方式。

(5)对不通晓当地通用语言文字的被询问人，应当为其配备翻译人员，并在询问笔录中注明翻译人员的姓名、住址、工作单位和联系方式。

(6)询问笔录中出现的方言、俗称等，要加以注明。

(7)制作询问笔录时应注意错别字、标点符号、语法及人称是否错误。

(8)制作询问笔录时用语应严谨、规范，在“问”中的用语应当使用规范的法言法语，对被询(讯)问人的“答”要如实、客观记录，关键问题最好原话照录。

四、实训场地与器材

实训场地：交通事故询问笔录制作实训场地、寝室或者教室。本实训原则上安排在教室，两人一组配对在教室里完成。

实训器材：道路交通事故询问笔录格式纸若干、印泥若干、计算机、钢笔或者水笔、打印机等。

五、实训准备、步骤与内容

(一)实训准备

1. 实训情境设定

根据设定的道路交通事故基本案情，对交通事故中所涉及的交通事故当事人、证人进行询问，并按要求制作询问笔录。

(1)交通事故简况。时间：2015年4月14日13时05分。地点：杭州市爱国路与警严路交叉路口。勘查时间：2015年4月14日13时15分。天气：晴天。

2015年4月14日13时05分，浙·003××警桑塔纳驾驶人王伟(男，28岁，杭州市××股份有限公司)在警严路由东向西行驶，行驶至爱国路与警严路交叉路口时发现浙A51××自行车驾驶人蒋小妹(女，18岁，杭州市萧山区浦沿二村村民)突然左转弯后，急忙采取紧急制动，由于当时车速较快，与蒋小妹发生碰撞，造成蒋小妹当场死亡、桑塔纳浙·003××警和自行车浙A51××不同程度损坏的交通事故。

(2)当事人情况。王伟，男，28岁，单位：杭州市××股份有限公司，地址：滨江区××大道200号，电话：13757112×××，驾驶浙·003××警小轿车，驾驶证号××××××××××××××××××。蒋小妹，女，18岁，单位或地址：杭州市萧山区浦沿二村村民，浙A51××自行车，身份证：××××××××××××××××××。死者情况：自行车驾驶人杭州市萧山区浦沿二村的蒋小妹，下身被撞，胯部开裂，头部着地，头部右上方有一破裂处，当场死亡。

(3)证明人情况。蒋大妹，女，20岁，1995年1月18日，单位或地址：杭州市萧山区浦沿二村村民，身份证：××××××××××××××××××，电话：13857123×××；李矛，男，1964年7月18日，单位或地址：杭州市滨江区555号，电话：13557167×××，身份证：××××××××××××××××××。

(4)根据现场勘查和调查当事人及证人，证实了以下情况。王伟及旁证陈述：事故发生时，蒋小妹骑行的浙A51××自行车由南向北行驶至警严路口突然向左转弯。旁证陈述：事故发生时，王伟驾驶桑塔纳车采取措施不及，与突然向左转弯的由东向西骑浙 A51××自行车的蒋小妹相碰撞。经检验：浙 A51××自行车技术性能不良，浙 •003××警技术性能不良。

2. 分组和分工安排

以 2 名学生为一组，对学生进行分组，一名学生询问；另一名学生按要求制作询问笔录。

（二）实训步骤与内容

1. 全面熟悉案件情况，并制定询问计划

对案件中涉及的人名、地名、专用术语、方言等要事先了解清楚，特别是要对每次询问的重点，做到心中有数，以便抓住重点，力求详细记录。

2. 制作首部

这是询问的开始阶段，首部主要记录询问开始和结束的时间，询问的地点，被询问人的姓名、性别、年龄、出生日期、民族、籍贯、文化程度、政治面貌、家庭住址、单位、职务、身份证件种类及号码、联系电话，询问人的姓名、单位，是第几次询问。在询问开始时，事故办案人员应当出示人民警察证表明身份，告知被询问人应当如实地陈述事故发生的经过，不得隐瞒事故真实情况，如果不履行法定义务，不如实陈述，说假话、谎话，要负法律责任。与本案无关的问题，有拒绝回答的权利，有陈述和申辩的权利，有申请回避的权利，有要求保密的权利。

3. 制作正文部分

(1) 询问查证交通事故当事人的主要内容。

①时间、地点、交通事故发生时的交通状况；肇事车是谁驾驶的，交通事故的基本情况。

②道路、设施条件如何；交通事故各方在道路上各自行驶(走)的方向、位置、状态和速度。

③发现对方的地点、距离；感到危险的地点和距离；车辆挡位、行驶速度。

④发现危险时的心理状态、思想情绪、采取的措施，采取措施的地点和相互间的距离。车辆技术状况出车前、行驶中是否检查，是否发现异常情况。

⑤相互接触的地点、事故形态、接触部位；交通事故发生后的轨迹，停止的地点和状态。

⑥交通事故的后果。

⑦抢救伤者、保护现场、报案的情况；发生交通事故时哪些人在现场，在干什么。

⑧驾驶经历。什么时间、在什么地方、什么单位学习驾驶，准驾车型是什么，过去是否发生过事故。

⑨其他情况。出车前一晚上睡觉几小时，是否休息好；出车时间、装载情况、目的地、行驶路线，驾驶室乘载何人，售票员是谁；肇事前的行驶情况；在哪里吃饭，是否饮酒(饮的什么酒)，用多少时间，几个人一起吃饭，知道其他人的姓名否，说出知道的人的姓名。

(2) 询问查证交通事故证人的主要内容。

①交通事故发生的时间、地点、初步经过。

②是否为原始状况，现场有无变动，变动的情况，变动原因，谁驾驶车辆。

③现场采取了哪些保护措施。

④交通事故发生前后，耳闻目睹的有关情况。

⑤车辆行驶的方向、路线、速度。

⑥驾驶人及其他当事人当时所采取的措施。

⑦交通事故损失情况，伤者抢救情况。

⑧如果为逃逸事故，则要了解车辆型号、车种、颜色、牌号及其他特征，驾驶人特征、有无停车、有无其他行为。

⑨当事人在交通事故发生前后的有关言行(包括疲劳驾驶、酒后驾驶、无驾驶资格者等)。

4. 制作尾部

当笔录的正文部分制作记录完毕时，将笔录交由交通事故当事人或者证人核对，若交通事故当事人或者证人认为记录有误或者遗漏，可以提出修改或补充，直至笔录内容与其陈述一致，由其记录核对意见，核对意见应写明“以上笔录我已看过，与我说的相符”，之后签名，写明日期，并由其逐页签名、盖章并捺印，询问人、记录人也应在笔录尾部签名。

六、典型交通事故询问笔录实训示例

附道路交通事故询问笔录范例一份，见附件。

七、实训报告要求

(1) 以小组为单位提交实训报告。

(2) 实训报告格式符合本课程实训报告统一要求(见附录)。

(3) 实训报告内容应当规范、完整记录实训过程，认真总结实训过程中遇到的问题，阐述实训体会。

(4) 在实训结束后，按要求完成实训报告。

附件：

第 1 次询问
第 1 页共 5 页

询 问 笔 录

询问时间 2015 年 4 月 14 日 17 时 10 分至 2015 年 4 月 14 日 17 时 45 分

询问地点 ××××××

询问人(签名) 沈晨 范家麟 工作单位××××××交通警察大队

记录人(签名) 沈晨 工作单位 ××××××交通警察大队

被询问人 王伟 曾用名 无 性别 男 出生日期 1987 年 03 月 14 日 民族 汉

文化程度 初中 政治面貌 群众

户籍所在地 浙江省杭州市萧山区

现住址 萧山区香梅新村 8 幢 301 室

工作单位 杭州市××股份有限公司

被询问人身份证件种类及号码 公民身份证：××××××××××××××××××

联系方式 ×××××××

(口头传唤的被询问人 4 月 14 日 17 时 07 分到达，4 月 14 日 18 时 05 分离开，本人签名确认： 王伟)。

问：我们是××××××交通警察大队民警(出示人民警察证)，现依法向你询问有关问题，你要如实回答问题，不得故意捏造或隐匿事实，否则要负法律责任，与本案无关的问题，你有拒绝回答的权利，有陈述和申辩的权利，你听清楚了吗？

答：我听清楚了。

问：根据有关法律规定，你有申请回避的权利，你需要申请回避吗？

答：我不申请回避。

问：今天为何口头传唤你到××××××交通警察大队？

答：我今天下午开车撞到了自行车，自行车驾驶员死亡了。

被询问人签名：王伟 第 1 页 共 5 页

续　页

问：你是否曾受过刑事处罚、行政处罚或者劳动教养、收容教育、强制戒毒、收容教养？

答：没有。

问：根据有关法律规定，公安机关应当及时将传唤的原因和处所通知你的家属，我们怎样通知你的家属？

答：你们可以打我妻子的手机，手机号为×××××××××××。

问：我们交警是否当着你的面通知你妻子？

答：你们交警已当着我的面通知我妻子的。

问：你是否患有严重传染性疾病？

答：没有。

问：你是否是人大代表或是政协委员？

答：我都不是。

问：交通事故发生的时间？

答：2015 年 04 月 14 日 13 时 05 分左右。

问：交通事故发生的地点在哪里？

答：爱国路与警严路交叉路口。

问：交通事故发生时，是你驾驶车辆吗？

答：是的，是我驾驶浙·003××警桑塔纳牌小型轿车经过这里的。

问：浙·003××警号桑塔纳牌小型轿车车况如何？

答：制动、转向都好的。

问：浙·003××警号桑塔纳牌小型轿车有无保险？

答：有保险的，投保在中国太平洋财产保险股份有限公司。

被询问人签名：王伟　　　　第 2 页　共 5 页

续　页

问：你有无有效机动车驾驶证？

答：我有机动车驾驶证的，准驾车型：B2。

问：请你将事发经过如实地向我们讲一下？

答：好的。2015 年 4 月 14 日 13 时 05 分，我驾驶浙·003××警号桑塔纳牌小型轿车沿警严路由东向西行驶，行驶至爱国路与警严路交叉路口地方时，一辆自行车突然从右方窜出，我赶紧刹车。但是当时情况太突然了，踩刹车已经来不及了，还是把他撞了。我马上下车查看情况。被我撞的人当时头朝北，腿朝南，一动不动，自行车已经被撞坏了。我看到这个情况后就赶紧打电话报警。之后我就被你们交警带到杭州市武警医院抽取血样，后来被带到这里来接受调查了，事发与报警相距 3 分钟的样子，事故经过就是这样。

问：事发时天气、视线及车流量情况如何？

答：天气是晴天，视线好的，来往车辆也不多的。

问：你最早发现对方时两车相距有多远？

答：我们两车相距有 10 多米远的样子。

问：此时你们两车各行驶在道路什么位置？

答：我的车子沿警严路由东往西行驶在北半幅道路上，自行车在爱国路由北向南行驶在西半幅道路上。

问：当时自行车是推的还是骑的？

答：骑的。

问：后来呢？

被询问人签名：王伟　　　　第 3 页 共 5 页

续 页

答：我想我们两车在交叉路口交汇，我是机动车，他是自行车，我想他会先避让我。我没有减速就开了过去。

问：此时你有无感觉到危险呢？

答：没有，因为对方当时看到了我，看上去在减速。

问：接下来呢？

答：我就按了喇叭，示意我要通过。

问：当时你的车速多少，哪个挡位？

答：我当时已经认为他会避让我，我就提速了。车速差不多 50km/h，挡位是 5 挡。

问：你开过去的时候自行车驾驶人是什么反应？

答：他就突然加速骑了过来。

问：那你当时采取了什么措施？

答：我急忙踩刹车打方向。

问：你采取制动时离自行车多远？

答：差不多 5～6m。但是已经来不及了。

问：车的哪个部位撞到了自行车？撞到自行车哪里？

答：车的前左保险杠撞到了自行车的中间部位。

问：发生碰撞时车位于道路的哪个位置？

答：差不多在中间位置吧。

问：碰撞后的你的停车位置及车辆、人员倒地位置。

答：车子停在路中间，自行车在车的前方 3m 左右，人被我撞到前方 8m 远的地方。

被询问人签名：王伟　　　　　　　　第 4 页 共 5 页

问：事发前你有无吃中饭及饮酒情况？

答：事发时我中饭吃了，但我没有饮酒。

问：你认为事故发生的原因是什么？

答：我自己判断失误了。

问：你认为你在本起道路交通事故中应负什么责任？

答：我负主要责任以上。

问：以上调查材料是否需要保密？

答：要保密。

问：以上笔录你看一遍，是否与你讲的相符？

答：以上笔录我已看过，与我讲的相符。

询问人签名：沈晨

询问人签名：[illegible]

被询问人签名：王伟　　第5页 共5页

实训项目十一　道路交通逃逸事故视频侦查

一、实训目的

（一）知识方面

全面地了解视频监控的组成、视频资料的调取和分析运用，掌握交通肇事逃逸事故视频侦查的常用方法。

（二）能力方面

初步掌握实践操作技巧，锻炼视频信息提取和利用视频资料进行侦查研判的能力，扩展视频侦查与情报分析综合运用的思路。

（三）素质方面

在实训中锻炼侦查思维，培养视频侦查中的情报意识，为今后利用视频监控进行逃逸事故侦破打下坚实基础。

二、道路交通逃逸事故视频侦查导引

（一）逃逸现场及周边视频资料的提取

视频侦查技术对视频图像的分析依赖于监控系统提供的影像资料，需要通过对视频的处理、分析、统计和比对，并结合对情报信息的综合研判来获得有价值的案件线索。由此可见，视频侦查技术是以视频图像为主导的侦查，其作用的发挥离不开视频监控网络的支撑。目前，我国大部分地区视频监控缺乏统一的管理平台，导致侦查机关对案发地监控的底数不清，加之部分探头的安装较为隐蔽，这就给全面调取案发地监控资料带来了很多困难。因此，在分析逃逸事故的时候首先需要摸清现场周围及出入口的监控情况。

在寻找逃逸事故有关的视频资料时，可以顺着肇事车辆的来车和逃逸方向按照时间轴序列与空间分布两方面扩大视频图像的收集范围，这就要求侦查人员有意识地去寻找和发现具有线索价值的监控探头。与刑事案件不同的是，交通事故由过失或意外造成，肇事车辆在事故发生前没有隐藏身份躲避侦查的故意，因此从时间轴的角度讲，围绕肇事逃逸车辆可重点搜寻其肇事前的行驶轨迹。从空间搜索的角度讲，对于肇事车辆藏匿地点的视频搜寻应重视车辆特征的比对跟踪。当然，无论是从时间还是从空间分布的角度，视频资料的搜索都离不开以肇事现场为中心的视频监控发现和提取。

（二）嫌疑车辆、嫌疑人的发现

在视频图像中可以发现涉案的伴随车辆、逃逸车辆、嫌疑人等案件要素，也可以利用这些要素在视频图像中进行深化和扩展。但这些要素只有经过了“由图到人”“由图到车”“由图到物”“由图到案”的过程之后才能真正实现视频图像侦查的作用。在这一过程中既要求能够利用监控找到清晰准确的图像信息，又要求能够利用图像线索进行追踪。

图像清晰化是逃逸事故视频侦查中发现、锁定嫌疑人、嫌疑车辆的常用方法，是实现“由案到车”“由案到人”的重要途径。收集到的有关案件的视频和图像资料首先要经过技术处理把反映犯罪嫌疑人形象特征、肇事车辆或伴随车辆特点及相关物品特征的模糊图像予以校正，将变形的图像予以恢复，最终得到清晰、可供辨认的图像线索。随后，在已获得的情报线索内通过清晰化后的特征信息来比对、排除、确定肇事逃逸者。

（三）视频图像的时间轴分析

视频图像的时间轴分析是以时间轴为序，及时查找与肇事逃逸案件相关的视频监控信息并将其收集整理，通过对其中的任务形象、车辆特征等信息的比对分析将视频信息按照时间轴排列，从而确定肇事经过、分析逃逸路线、明确侦破方向的侦查方法。

在视频图像的时间轴分析中，既要以现场为中心，按已知的犯罪嫌疑人活动方向沿线逐点进行查看，也要根据案件情况进行相同地点的跨越查看，及时发现肇事嫌疑人出现或折返的踪迹。

（四）以视频资料为基础的信息联查

在对视频资料进行分析的过程中不但要对视频的显性信息进行分析，而且要充分挖掘其中的隐性信息，进行信息关联，从而查证、排除嫌疑人。例如，在确定肇事车辆和犯罪嫌疑人特征的过程中，可根据其在视频中反映出的打电话、进出住所地、写字楼、网吧、旅馆、接送他人、乘坐营运车辆等可供深查的情况，及时进行信息关联、蹲点守候，尽快使视频情报落地。此外，案件中所反映出的犯罪嫌疑人体貌特征、衣着打扮、举止特点、携带物品、车辆损毁情况等可作为回溯排查的线索，即根据上述特征在案发区域外围的视频监控中进行回溯查找，从而锁定对象目标获得破案线索。利用视频资料进行信息联查时也应注意从时间和空间两方面入手：一是着重从案发前该区域内及周边的视频监控录像中查找上述特征点；二是注重对事故发生前后的时间轴分析。由于事故发生前嫌疑人活动内容的掩饰性小，肇事者使用的工具物品和作息习惯都暴露在了视频监控探头之下，所以要特别注意对逃逸事故发生前视频资料的时间轴分析。此外，通过关联信息的回查可以发现嫌疑人、嫌疑车辆的轨迹特征从而找到新的破案线索。

除了利用痕迹物证、外观特征等信息与视频资料进行关联查询，车辆违章信息、人口信息、银行卡信息、通话记录信息、上网信息、住宿信息以及车辆 GPS 信息、滴滴等营运车辆平台信息等都可以与视频资料线索相关联。

(五)视频图像技术与电子围栏技术的结合使用

视频图像资料除了与上述情报信息关联，还可与目前飞速发展的电子围栏技术结合使用。基于手机通信技术的电子围栏可根据视频资料获得的空间信息划定特定的“围栏”空间，记录可疑目标进出该空间的时空信息，从而帮助视频信息资料“落地”。除此之外，随着视频图像围栏技术的发展，以车辆或人员特征为追踪线索可实现在特定范围内的视频实时监控以及视频分析自动报警，从而起到查找、布控、抓捕嫌疑车辆、嫌疑人的作用。

三、实训内容与要求

(一)实训内容

(1)对模拟的事故现场案情进行现场分析，综合现场勘查所得的线索分析开展视频侦查的条件。

(2)在案情分析的基础上调查提取案发地周边视频监控资料，对视频监控进行时间轴分析，对关键视频图像进行清晰化处理，锁定嫌疑车辆。

(3)利用视频侦查获得的车辆信息进行信息联查，寻找肇事车辆。

(二)实训要求

1. 对案件是否具有视频侦查条件，如何获取视频监控资料进行初步分析

(1)对事故现场勘查所得的证据资料进行汇总、分析。

(2)调查事故现场及周边的视频监控条件，以事故现场为中心绘制视频监控分布示意图。

2. 提取有关的视频监控并进行时间轴分析

(1)根据案情分析，确定提取视频监控的位置和时间。

(2)利用监控记录对可疑车辆进行排查，依据犯罪嫌疑人的衣着面貌、驾驶车辆等可供辨认的特征，在其可能进出现场的沿途视频监控中找到反映嫌疑车辆、嫌疑人踪迹的各个监控点，进行初步排查和接力跟踪。

(3)对视频图像进行时间校准。

(4)对视频监控记录进行时间轴分析，确定嫌疑车辆在事故发生前后的行驶轨迹，制作视频资料记录表，见表11-1。

表11-1 事故现场及周边的视频资料记录表

进入时间(校准后)	离开时间(校准后)	视频资料地点	画面记录方向	画面内车辆特征	车辆行驶方向

3. 通过视频图像清晰化处理获得肇事车辆信息

(1)根据案情分析确定可疑车辆。

(2)选取拍摄角度好、距离近、较清晰直观的图像。

(3)通过专业的图像处理软件来对变形图像进行修正以达到更好的辨认效果，获得车辆牌照信息。

4. 利用肇事车辆车牌照信息进行情报信息联查，获得肇事车辆下落

(1)利用车辆牌照信息和监控信息平台，查询车辆的活动范围。

(2)根据车辆信息和违章信息确定肇事嫌疑人身份。

(3)根据车辆活动范围信息，进行落地蹲守，查找车辆下落。

四、实训场地与器材

实训场地：模拟街区、实验室。

实训器材：电台(耳机)、鼠标、背包、手电、U 盘、硬盘、笔记本电脑、视侦通软件、笔、介绍信、调取证据通知书、视频、视频分布图、嫌疑人、车辆活动轨迹记录表、视频侦查工作记录。

五、实训步骤与典型实例

(一)实训准备

1. 人员安排

主讲教师一名，负责教案编写，组织课堂教学，启发引导学生对侦查过程进行分析讨论。

辅助教师一名，负责组织保障教学秩序，根据实训进度抛出相关线索资料，帮助主讲教师进行案例推演式实训。

学生以 5 人为一组开展实训科目。

2. 布置模拟事故现场

时间：20××年××月××日 22 时 15 分

地点：某市郊区路口

证人：被剐蹭的小轿车驾驶人李某

事故现场情况：路口内有损坏的电动三轮车一辆、被剐蹭的小轿车一辆、电动车驾驶人当场死亡、现场留有部分车体散落物、围观群众若干名。

现场监控条件：事故现场没有监控，事故现场所在路口往北有一家面粉厂，门口有监控。在路口往南有一家 24 小时营业的加油站。

(二)实训步骤

1. 进入事故现场，通报现场勘查情况，进行现场分析

(1)学生以小组为单位进入事故现场，观察现场及周边环境。

(2)通报现场勘查情况和基本案情如下。

由现场勘查获悉：20××年××月××日 22 时 15 分许，在××市郊区××路与××路交叉路口，一辆黑色小型轿车在路口与一辆小轿车剐蹭又撞翻一辆电动三轮车后驾车逃逸，此次事故共造成一人受伤、一人死亡、三车损坏的严重后果。

经过对现场散落物(图 11-1 和图 11-2)的检查和对事故当事人的询问，初步确定了肇事车辆为一辆黑色轿车，但具体车型和车牌号码不清楚。该车由北向南行驶，在路口与由东向西行驶的小轿车发生剐蹭，继而又与由西向北左转的电动车发生事故，后向南驶离现场。事故现场没有监控记录。

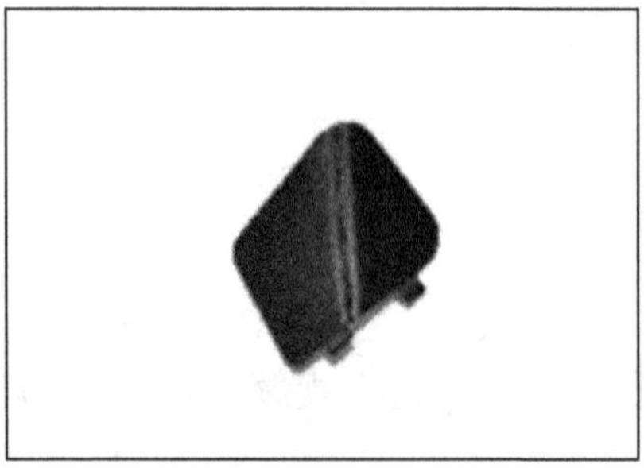

图 11-1　现场留下的散落物(正面)

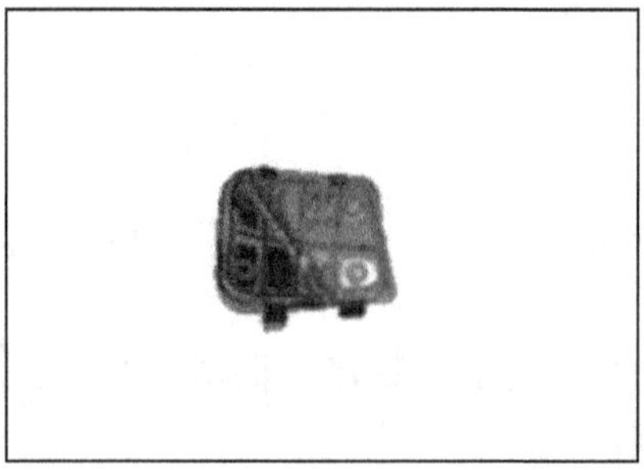

图 11-2　现场留下的散落物(背面)

(3) 以小组为单位，针对案情通报和对现场周边环境的观察分别从“证据材料汇总”“监控条件分析”“侦查方向”三个角度进行现场分析。

2. 由现场勘查指挥员布置视频侦查任务

(1) 由教师对学生的临场分析进行简要汇总、评价。

(2) 宣布成立××逃逸事故专案组，并进行如下分工。

①成立视频侦查组寻找事故现场周边监控记录。

②成立访问组(虚拟)，走访目击证人，询问事故发生的详细过程。

③成立调查组(虚拟)，走访汽车 4S 店查询车辆碎片来源，走访周边修理厂寻找肇事车辆。

由辅助教师充当虚拟的访问组和调查组角色，只通报调查走访的情况，不进行实际调查和访问。

3. 视频侦查组分析案件线索，讨论视频侦查计划

(1) 教师提示下述案件信息，引导视频侦查组分析事发现场视频监控条件，确定视频侦查方向、讨论侦查计划。

案件信息：事故现场位于郊区，事发时正值深夜，路面照明条件较差，事故发生地没有监控录像。

(2) 视频侦查小组进行组内分工，组织视频侦查人员在现场周围寻找路面监控和路边各单位、商铺的监控，对各监控的位置、角度进行记录，画出监控分布示意图。

(3) 视频侦查小组根据对监控条件的分析，向辅导教师出示介绍信、调取证据通知书，调取监控记录，辅导教师根据学生要求提供有关场所的监控资料(包括面粉厂、加油站及以外的其他店铺内的监控记录)。

(4) 教师组织讨论，引导视频侦查组到面粉厂和加油站进行走访。确定监控录像角度和录像内容，初步排查案发时间内的可疑车辆，调取监控记录。

4. 观看并分析视频资料，确定嫌疑车辆

(1) 在实验室中对获取的视频资料进行观看。组织视频侦查小组中的专人观看视频资料。采用分工的形式，每一处的监控内容由专人负责记录。要保证各小组集中工作，以便于在发现疑点和线索时能够沟通联络。

(2) 引导学生以特征明显的人、车、物等作为视频画面追踪的线索，引导学生将观看的视频资料与事故的其他调查线索相结合，筛选出在时间和地点上有肇事嫌疑的车辆。

(3) 矫正监控时间，做好监控记录，尤其在初期排查阶段，要记录所有在监控中出现的车辆特征，为顺线排查和比对提供必要的素材。

(4) 组织学生报告报案前后 5min 内视频监控记录的内容，并对视频内容进行分析。通过分析得到“有 5 辆小轿车驶过加油站，有 3 辆小轿车驶过面粉厂”。

(5) 引导学生着重注意对上述可疑车辆进行排查。首先分析和识别在面粉厂及加油站同时出现的车辆。组织学生讨论并确定夜间车辆特征识别的入手点，如车灯外观形态、挡风玻璃粘贴物形态以及灯照颜色、高度、照明面积等。

(6) 报告排查结果。结合报案时间，从事故发生地北侧的面粉厂内视频可排查到，在 22 时 14 分 11 秒有一辆黑色三厢轿车驶过监控画面，在加油站监控画面中有一辆同样特征的黑色三厢轿车于 22 时 14 分 56 秒驶过监控画面。

(7) 结合侦查实验对排查结果进行分析。带领视频侦查组进行侦查实验，确定经过加油站到面粉厂的行驶时间。经过侦查实验结合报案时间确定上述黑色三厢轿车肇事嫌疑最大。

5. 根据视频监控确定车辆号牌

(1) 组织学生讨论如何确定扩面追踪的方向。在目前的视频资料中没有其他关于嫌疑车辆的记录，也没有图像清晰化条件，案件陷入僵局。加入其他案件线索，引导视频侦查组确定扩面侦查的方向。

线索提示：根据事故调查组的调查，事故发生时在路口由东向南行驶的一辆小轿车有可能看到了该肇事车辆逃跑的经过。且该路口东侧的相邻路口有高清探头可用。

(2) 组织视频侦查组讨论如何查找上述目击车。

(3) 以伴随车为线索进行扩面侦查。由指导教师提供扩面侦查的视频，视频侦查组继续对该目击车辆进行顺线追踪，在倒查其来时路线时得到一张监控图片。

(4) 对模糊图像进行清晰化处理。经过图像清晰化处理，该目击车辆车牌号为某E66U56（图 11-3），经过询问该车车主，该车主回忆并肯定地提供了肇事车辆车牌号的后两位为“77”，并提供了肇事车在与其共同“向南行驶一段距离后左转向东继续行驶”的信息。

图 11-3　经图像清晰化处理后的目击车辆车牌号

根据车主提供的信息，结合现场侦查实验的距离测算进一步扩大视频侦查的搜索范围。在距离事故现场 6km 外的一处监控摄像头捕捉到该逃逸车辆发生事故后的照片。结合 4S 店走访的结果，可确信该车为一辆黑色起亚小轿车。车主为刘某某，车牌号应为某 PWL377。

6. 发现嫌疑车辆及逃逸方向，结合视频资料中的情报信息进行“落地”侦查

(1) 车辆信息查询及结果通报。

通过网上查询，肇事车初次登记日期为 1997 年，所有人刘某某 2005 年就把车卖给了二手车市场并且没有过户，经过违章记录缴费调查，某 PWL377 号小轿车的实际车主应为河北籍在京务工人员任某，据以上信息可初步确定任某有重大嫌疑。

(2) 组织讨论如何查找车辆下落。

根据这辆车的号牌信息或者以目击证人对车辆显著特征的描述为线索，在城市或者交通要道监控点的录像资料中筛查该嫌疑车辆的行驶轨迹，从而确定其可能的藏匿地点。

引导学生利用交通管理部门的智能交通系统，搜索划定该车辆的活动范围和活动轨迹。

交通管理机关的监控记录显示，车牌号为某 PWL377 的黑色轿车时常在定福黄庄附近出现，该地区外来人口多，不利于车辆和嫌疑人的落地侦查。

(3) 辅助教师提供反映车辆活动范围的监控资料，教师引导学生思考如何将嫌疑车辆“落地”。

通过对案发前一周定福黄庄附近的监控查询，侦查人员发现在案发前一周有两次在

相近的时间(下午 4 时左右)，该嫌疑车辆在某交叉路口接一名身着红色运动上衣的男子上车。

针对上述监控信息进行讨论，并对案发前的该车辆有规律性的活动进行分析。引导学生仔细分析监控录像，思考上述视频材料中的记录中有哪些可利用的情报信息；采用传统侦查手段可以从哪些信息入手，采用现代的侦查方法有哪些技术可以利用。根据讨论情况可提示采用蹲守、摸排、电子围栏技术等手段进行侦查。

(4) 引导学生采用蹲守的传统侦查手段查找上述红衣男子。

辅导教师提供蹲守情景如下。

在当天的下午 4 时左右该男子出现并打车出行，侦查人员顺线追踪找到了该男子的上班地点——某夜总会。经过治安部门的协同调查，发现某 PWL377 的实际使用人就是同在夜总会打工的任某。根据夜总会经理提供的信息，侦查人员在定福黄庄某小区内抓获了交通肇事逃逸的任某，任某对自己的行为供认不讳。

(三) 教师点评与知识拓展

此次实训项目是以视频侦查为主要手段的案例推演式训练，推演过程结合调查访问、蹲点守候等传统侦查方法，注重视频资料与其他情报信息的综合以发现、筛选视频监控记录并最终将监控“落地”。目前，视频侦查已经成为破获交通肇事逃逸案件的重要手段，但是视频侦查还需与其他各类侦查方法所获得的情报信息综合使用才能达到破案目的。

在某些重特大事故的深度调查中，还会用到汽车事件数据记录仪 (event data recorders，EDR) 来还原事故发生过程。EDR 是指专门记录事故或事件前后短时间内数据的装置[①]，该装置具备碰撞后检索数据的功能。来自 EDR 的车辆操作数据可以与现场勘查所得的现场痕迹、证人证言、视频录像等证据相对照，从而重建事故碰撞过程。在逃逸案件调查中，EDR 数据能帮助侦查人员分析判断肇事逃逸嫌疑人离开事故现场的主观心态，从而确定该嫌疑人是否存在逃逸的“故意”。随着 EDR 技术标准的发布和完善，2000 年出现了碰撞数据检索工具包 CDR，该工具包允许警察、事故重建专家、研究员和一般公众通过车辆诊断连接器连接 EDR 或直接连接气囊控制模块进行数据读取。目前使用较为广泛的读取工具为博世公司的 CDR，该工具已获得众多汽车制造商的授权，可以合法地下载和解析 EDR 数据[②]。

六、注意事项

(1) 保持视频材料的完整性。

(2) 涉及视频检验的要符合技术标准：《视频中车辆图像检验技术规范》(GA/T 1019—2013)；《视频中事件过程检验技术规范》(GA/T 1020—2013)；《视频图像原始性检验技术规范》(GA/T 1021—2013)；《视频图像真实性检验技术规范》(GA/T 1022—2013)；《视频中人像检验技术规范》(GA/T 1023—2013)。

---

①沈明，陈玉忠，兰雁飞，等. 汽车事故数据记录装置的应用及标准化展望[J]. 标准科学，2011，12:28-34.

②苏森. 基于航拍正射图像与 EDR 数据的交通事故重建研究[D]. 重庆: 第三军医大学. 2015.

七、实训报告要求

(1)视频侦查记录表和侦破过程记录详尽。

(2)视频证据展现完整。

(3)总结在视频侦查过程中涉及的技战法。

(4)按照要求撰写实习报告。

实训项目十二　道路交通事故认定

一、实训目的

巩固道路交通事故认定方面的知识，掌握道路交通事故认定原则，初步具备从事道路交通事故认定的工作能力。

（一）知识方面

掌握道路交通事故认定的概念、性质和认定原则；熟悉道路交通事故认定程序和复核程序；巩固课堂所学道路交通事故事实认定、原因分析和责任认定方法。

（二）能力方面

提高道路交通事故认定分析能力，初步具备从事道路交通事故认定的工作能力，具备制作道路交通事故认定文书的能力。

（三）素质方面

提高学生的动手能力、学习兴趣，增强学生在道路交通事故认定工作中的证据意识和分析问题的逻辑性，培养学生实事求是的科学态度和严谨的工作作风。

二、道路交通事故认定导引

（一）交通事故认定的概念

交通事故认定，是指公安机关交通管理部门通过审查、研究、分析，根据现场勘验、检查、调查、鉴定等所收集到的事故证据，最终查明和认定交通事故基本事实、形成原因和当事人的事故责任等情况的专门工作。

道路交通事故认定的任务如下。

(1)查明交通事故的发生时间、地点、天气等具体情况。

(2)查明当事各方的基本情况，如姓名、性别、年龄、身份证号、单位或住址、交通方式、联系方式、保险情况、车辆牌号。

(3)查明交通事故的基本事实，如各方行进路线、行驶速度、事故现场情况、造成损失情况等。

(4)查明交通事故的形成原因，包括当事各方的违法行为、主观过错和意外原因等。

(5)确定交通事故当事人的责任。

(二)交通事故认定的原则

1. 以事实为依据的原则

客观事实是确定交通事故责任的基础。由证据证明的事实是确定交通事故责任的客观依据和基础，是交通事故认定工作必须遵循的原则。它要求交通事故认定应在查明交通事故真实情况的前提下进行。任何主观臆想或凭经验的推断，都可能掩盖交通事故的真相，会导致确定当事人责任的错误。

2. 分析因果关系的原则

在确定当事人交通事故责任时要考虑两个要件，即当事人行为在交通事故发生中起的作用及过错的严重程度。这两个要件都讲到了因果关系，因果关系是当事人的行为及过错与事故发生之间的合乎规律的联系，这种联系是不以人们的主观意志为转移的。在确定当事人交通事故责任时，必须分析当事人行为及过错与交通事故之间的因果关系，只有遵循这一原则，才能客观真实地、公平地处理交通事故。

3. 依法定责的原则

依法定责原则，是以法律为准绳原则在交通事故责任确定方面的具体表现。依法定责就是要求事故处理人员严格依照交通法律、法规确定当事人责任。其中主要的法律、法规包括《中华人民共和国道路交通安全法》《中华人民共和国道路交通安全法实施条例》《道路交通事故处理程序规定》，以及省级公安机关根据有关法律、法规制定的具体的道路交通事故责任确定细则或者标准等。

依法定责的另一个方面即交通事故责任法定，交通事故当事人所负的交通事故责任必须是法律所规定的，不是由办案人员随便确定的。

4. 全面分析、综合评断的原则

全面分析、综合评断，是认定交通事故的方法性原则，是马克思主义唯物辩证法和科学方法论在交通事故认定工作中的体现。全面分析，就是分析交通事故众多原因中的内在联系及其相关影响，防止片面性。综合评断，就是严格按照构成交通事故责任的要件认定有无责任和责任大小。综合评断包含着矛盾的观点，就是要找出主要矛盾和矛盾的主要方面。

(三)道路交通事故认定的内容

公安机关交通管理部门应当根据交通事故现场勘验、检查、调查情况和有关的检验、鉴定结论，及时制作道路交通事故认定书，作为处理交通事故的证据。

《道路交通事故处理程序规定》规定，道路交通事故认定书应当载明以下内容。

(1)道路交通事故当事人、车辆、道路和交通环境等基本情况。

(2)道路交通事故发生经过。

(3)道路交通事故证据及事故形成原因分析。

(4)当事人导致道路交通事故的过错及责任或者意外原因。

(5)作出道路交通事故认定的公安机关交通管理部门的名称和日期。

道路交通事故认定书应当由交通警察签名或者盖章，加盖公安机关交通管理部门道路交通事故处理专用章。

（四）当事人责任的确定

《道路交通事故处理程序规定》[①]第六十条规定，公安机关交通管理部门应当根据当事人的行为对发生道路交通事故所起的作用以及过错的严重程度，确定当事人的责任。

(1) 因一方当事人的过错导致道路交通事故的，承担全部责任。

(2) 因两方或者两方以上当事人的过错发生道路交通事故的，根据其行为对事故发生的作用以及过错的严重程度，分别承担主要责任、同等责任和次要责任。

(3) 各方均无导致道路交通事故的过错，属于交通意外事故的，各方均无责任。

一方当事人故意造成道路交通事故的，他方无责任。

《道路交通事故处理程序规定》第六十一条规定，当事人有下列情形之一的，承担全部责任：

(1) 发生交通事故后当事人逃逸的；

(2) 故意破坏、伪造现场、毁灭证据的。

为逃避法律责任追究，当事人弃车逃逸以及潜逃藏匿的，如有证据证明其他当事人也有过错，可以适当减轻责任；但同时有证据证明逃逸当事人有故意破坏、伪造现场、毁灭证据情形的，不予减轻。

（五）道路交通事故认定的工作环节。

道路交通事故认定的工作环节，包括以下几个方面：

(1) 全面审核证据材料、审查案件事实；

(2) 分析、确定当事人的交通行为及过错；

(3) 分析因果关系；

(4) 拟定责任划分初步意见；

(5) 集体研究、综合评断；

(6) 制作道路交通事故调查报告，上报审批；

(7) 制作道路交通事故认定书；

(8) 向各方当事人宣告、送达道路交通事故认定书。

（六）道路交通事故证明

道路交通事故基本事实无法查清、成因无法判定的，公安机关交通管理部门应当出具道路交通事故证明，载明道路交通事故发生的时间、地点、当事人情况及调查得到的事实，分别送达当事人，并告知其申请复核、调解和提起民事诉讼的权利。

道路交通事故证明是道路交通事故认定的一种特殊情形。

---

① 2017 年 7 月 22 日公安部令 146 号发布，自 2018 年 5 月 1 日起施行。

（七）道路交通事故认定复核

《道路交通事故处理程序规定》规定了道路交通事故认定的法律救济途径——交通事故认定复核程序，确立了交通事故认定复核制度。

交通事故认定复核这一制度的建立，强化了公安机关内部的审查力度，客观上给予了当事人合理的救济途径，对及时纠正存在错误的交通事故认定、维护当事人合法权益具有重要意义，同时对疏导当事人的情绪也是合理和必要的。

上一级公安机关交通管理部门可以设立道路交通事故复核委员会，由办理复核案件的交通警察会同相关行业代表、社会专家学者等人员共同组成，负责案件复核，并以上一级公安机关交通管理部门的名义作出复核结论。

1. 道路交通事故认定复核的性质

道路交通事故认定复核并非对交通事故重新认定，是依据当事人申请，公安机关交通管理部门内部上级对下级证据调查和认定工作、交通事故证明工作的一次复查核实，是内部执法监督程序。

2. 复核的申请和受理

当事人对道路交通事故认定或者出具道路交通事故证明有异议的，可以自道路交通事故认定书或者道路交通事故证明送达之日起三日内提出书面复核申请。

当事人申请复核，应提出书面复核申请，可以直接向上一级公安机关交通管理部门提出，也可以通过作出道路交通事故认定的公安机关交通管理部门提出复核申请。

当事人逾期提交复核申请的，不予受理，并书面通知申请人。

复核申请应当载明复核请求及其理由和主要证据。同一事故的复核以一次为限。

复核申请人通过作出道路交通事故认定的公安机关交通管理部门提出复核申请的，作出道路交通事故认定的公安机关交通管理部门应当自收到复核申请之日起两日内将复核申请连同道路交通事故有关材料送上一级公安机关交通管理部门。

复核申请人直接向上一级公安机关交通管理部门提出复核申请的，上一级公安机关交通管理部门应当通知作出道路交通事故认定的公安机关交通管理部门自收到通知之日起五日内提交案卷材料。

3. 复核审查内容

上一级公安机关交通管理部门自受理复核申请之日起三十日内，对下列内容进行审查，并作出复核结论：

(1) 道路交通事故事实是否清楚、证据是否确实充分、适用法律是否正确、责任划分是否公正；

(2) 道路交通事故调查及认定程序是否合法；

(3) 出具的道路交通事故证明是否符合规定。

复核原则上采取书面审查的办法，但是当事人提出要求或者公安机关交通管理部门认为有必要时，可以召集各方当事人到场，听取各方当事人的意见。

办理复核的交通警察不得少于两人。

4. 复核结论

(1)上一级公安机关交通管理部门认为原道路交通事故认定事实清楚、证据确实充分、适用法律正确、责任划分公正、程序合法的，应当作出维持原道路交通事故认定的复核结论。

(2)上一级公安机关交通管理部门认为调查及认定程序存在瑕疵，但不影响道路交通事故认定的，在责令原办案单位补正或者作出合理解释后，可以作出维持原道路交通事故认定的复核结论。

(3)上一级公安机关交通管理部门认为原道路交通事故认定有下列情形之一的，应当作出责令原办案单位重新调查、认定的复核结论：

①事实不清的；

②主要证据不足的；

③适用法律错误的；

④责任划分不公正的；

⑤调查及认定违反法定程序可能影响道路交通事故认定的。

(4)上一级公安机关交通管理部门审查原道路交通事故证明后，按下列规定处理：

①认为事故原因确实无法查清的，应当作出维持原道路交通事故证明的复核结论；

②认为事故成因仍需进一步调查的，应当作出责令原办案单位重新调查、认定的复核结论。

上一级公安机关交通管理部门作出责令重新调查、认定的复核结论后，原办案单位应当在十日内依法重新调查，重新作出道路交通事故认定，撤销原道路交通事故认定书或者原道路交通事故证明。

重新调查需要检验、鉴定的，原办案单位应当在检验报告、鉴定意见确定之日起五日内，重新作出道路交通事故认定。

重新作出道路交通事故认定的，原办案单位应当送达各方当事人，并报上一级公安机关交通管理部门备案。

5. 道路交通事故认定的法律监督

交通事故认定复核结论对于下级公安机关交通管理部门拒不执行上级公安机关交通管理部门复核决定的，可以按照《中华人民共和国人民警察法》第四十三条的规定予以处理，还可以按照《公安机关内部执法监督工作规定》办理，必要时依据《公安机关人民警察执法过错责任追究规定》追究相关人员的责任。

三、实训内容与要求

(一)实训内容

(1)交通事故认定证据、事实及因果关系分析讨论。

(2)交通事故当事人责任确定分析讨论。

(3)道路交通事故调查报告制作。

(4)道路交通事故认定书制作。

(5)道路交通事故认定复核。

(二)实训要求

1. 道路交通事故认定的基本要求

《道路交通事故处理程序规定》规定，道路交通事故认定应当做到事实清楚、证据确实充分、适用法律正确、责任划分公正、程序合法。

(1)事实清楚。

事实清楚是指在道路交通事故认定中所涉及的事实不仅都是客观存在的，而且都有证据证明。换句话说，用以定案的全部事实，都应建立在充分、确凿的证据基础之上。

事实清楚的另一层含义是指事实与事故发生、发展及其后果的关系是明确的。

(2)证据确实充分。

交通事故认定的前提是交通事故认定部门已查明交通事故基本事实。在尚未查明交通事故基本事实的情况下进行交通事故认定，则缺乏事实依据。交通事故处理、认定部门通过现场勘查、检查、调查工作和委托检验鉴定等收集到必要、确实、充分的证据，才能证明交通事故基本事实。只有掌握了确实、充分的证据，才能查明交通事故的基本事实。

(3)适用法律正确。

适用法律正确，即案件的法律适用依据准确。对于法律适用要按照《中华人民共和国立法法》的规定，遵循上位法优于下位法、新法优于旧法、特别法优于一般法的适法原则。应当注意的是，所谓的上位法优于下位法和特别法优于一般法，是在法律矛盾冲突的情况下适用的。新法优于旧法，一般指违法行为发生时在新法颁布实施前，对其查处程序适用新法，实体适用旧法，而对于发生在新法之后的违法行为，不管是程序还是实体都应当适用新法而不是旧法。另外，法律依据要具体到“条、款、项、目”，不应存在应该用该条款(项目)而用了其他条款(项目)的情况。

道路交通事故认定中，常见适用法律错误的情况主要有：适用已经失效或者尚未生效的依据进行道路交通事故认定；应当适用上位法却适用了下位法进行认定；引用法律条款错误；遗漏法律条款或者适用法律条款不具体、不规范等。

(4)责任划分公正。

责任划分公正是公安机关交通管理部门道路交通事故认定追求的目标。道路交通事故认定要做到责任划分公正，应当在做到程序合法、事实清楚、证据确实充分、适用法律正确的前提下，根据交通事故的具体情况公平、公正地对当事人责任进行划分。

(5)程序合法。

程序合法是指认定交通事故基本事实的主体、期限、方式、步骤、顺序、内容都符合相关法律、法规和规章的规定。

2. 道路交通事故认定案情讨论分析要求

(1)以组为单位，开展道路交通事故认定案情讨论。

(2)代表不同认定意见的实训人员，就交通事故中当事人的过错行为、具体情节、作用等进行讨论和分析。

(3)指出交通事故当事人交通违法行为和认定交通违法行为的法律依据，应明确能证明交通事故当事人过错行为的证据材料。

(4)对当事人过错行为对交通事故发生所起的作用进行分析和比较，应体现出分析的逻辑性。

(5)交通事故认定分析中，应区别“当事人的行为”和“违法行为”，无违法行为的也应进行认定。

3. 道路交通事故认定书制作要求

制作道路交通事故认定书，应该按《道路交通事故处理程序规定》规定的内容进行。载明的内容应建立在有证据证明的基础上。道路交通事故认定书制作完成后，应分别送达当事人，并告知当事人向公安机关交通管理部门申请复核、调解和直接向人民法院提起民事诉讼的权利、期限。

4. 道路交通事故认定复核意见文书制作要求

根据实训设计需要，制作道路交通事故认定复核意见文书。

道路交通事故认定复核意见文书，应符合文书写作基本要求，应有明确的复核结论和理由。

5. 文书写作要求

制作道路交通事故认定书，应反映证据和认定内容的联系，适用法律条文准确。在文书写作上，要做到用词准确、精炼、恰当，语句通顺，并尽可能使用专业术语。

四、实训场地与器材

实训场地：交通事故处理实训场、多媒体教室、交通事故演示分析场地。

实训器材：交通事故演示分析沙盘、交通事故分析系统、道路交通事故法律文书、表格。

五、实训步骤和方法

(一)实训准备

1. 实训情景设定

省道 S302 线木山镇五里村路段 2017-2-6 交通事故案件简介如下。

时间：2017 年 2 月 6 日 19 时 30 分许

天气：阴

地点：S302 线木山镇五里村路段

当事人、车辆、道路和交通环境等基本情况如下。

(1)当事人情况。

当事人：王××，男，1972 年 11 月 19 日出生，汉族，户籍地为××县大堰镇西街居委会。驾驶证号：43072319721119××××，档案编号：432407491174××，准驾车型“C1”，湘 J77M××号小型轿车驾驶人。

当事人：孙××，男，1966 年 12 月 24 日出生，汉族，户籍地为××县花莲镇西湖村 5 组。驾驶证号：43072319661224××××，档案编号：4324270011××，准驾车型

"E"，湘 J62J××号普通二轮摩托车驾驶人，死亡。

当事人：肖××，女，1970 年 12 月 20 日出生，汉族，户籍地为××县花莲镇西湖村 5 组，为当事人孙××之妻。湘 J62J××号普通二轮摩托车搭乘人，死亡。

(2) 车辆状况。

湘 J77M××号小型轿车，系东风雪铁龙牌，车身颜色为黑色，车辆登记所有人为王××。该车车架号为 LDC733L207068××××，发动机号为 71219××，检验合格至 2017 年 5 月有效，有交强险。

湘 J62J××号普通二轮摩托车，系豪爵 HJ125-7，车身颜色为蓝色，车辆登记所有人为周××。该车车架号为 0325××，发动机号为 G90541××，检验合格至 2010 年 08 月有效，车辆状态已注销，逾期检验强制报废期至 2016 年 9 月 30 日。

(3) 道路基本情况。

事故现场位于 S302 线木山镇五里村路段，系省道，东西走向，为水泥路面，微弯、干燥，双向两车道，机动车道宽 8m，有中心分道线。

(4) 交通环境情况。

无路灯，视线不良。

道路交通事故发生经过如下。

2017 年 02 月 06 日 19 时左右，王××驾驶湘 J77M××号小型轿车到××县和平村接人。19 时 30 分许，当车沿 S302 线由东往西行驶至××县木山镇五里村路段，越中心线逆向行驶时，与孙××驾驶的由西往东行驶的湘 J62J××号普通二轮摩托车相碰撞，造成摩托车驾驶人孙××死亡，搭乘人肖××受重伤(肖××经送医院抢救，抢救无效，死亡)，两车受损的道路交通事故。

道路交通事故证据材料如下。

主要证据材料如下。①受案登记表：证明了事故发生的时间、地点。②现场勘查笔录、现场图、现场照片：固定、记录了交通事故现场情况。③××县公安局交通警察大队委托××司法鉴定所对事故车辆痕迹、速度、技术进行了鉴定，鉴定表明两车超速(事故路段限速为 40km/h，鉴定孙××驾驶摩托车行驶时速为 60km/h，王××驾驶小轿车行驶时速为 75km/h)。④当事人及证人证言讲述了事故发生经过。⑤当事人及证人证言、现场照片证实，摩托车驾驶人孙××和搭乘人肖××未戴安全头盔。⑥酒精检测报告证实了王××系饮酒驾车。

2. 分组和分工安排

以组为单位开展实训。学生以 6～8 人为一组，分成若干个小组。小组成员根据交通事故认定案情讨论需要，分工代表不同的意见。

(二) 道路交通事故认定案例案情介绍和演示

通过交通事故演示系统介绍道路交通事故认定案例案情，演示道路交通事故发生发展过程。

(三) 道路交通事故认定案例分析和讨论

组织学生对实训教师提供或指定的道路交通事故案例开展道路交通事故认定分析，

对有关交通事故的事实认定、原因分析和责任认定等问题开展讨论或分组辩论。

（四）制作道路交通事故认定书

按人（或按组）、按要求制作道路交通事故认定书。

（五）制作道路交通事故认定复核意见文书

根据案情和实训需要，按人或按组制作道路交通事故认定复核意见文书 。

（六）教师点评

教师针对各实训小组的实训情况，根据实训要求对其在各实训环节的表现和实训效果进行点评，重点指出在道路交通事故当事人责任分析和确定中存在的问题。

六、道路交通事故认定文书示例

（一）道路交通事故认定书示例（见附件 1）

附件 1：

××县公安局交通警察大队

道路交通事故认定书

×公交认字[2016]第 00060 号

道路交通事故时间：2016 年 5 月 8 日 20 时 40 分　　**天气：**晴

道路交通事故地点：××县金阳镇绕城路与护城北路交叉口

当事人、车辆、道路和交通环境等基本情况：

周××，男，1972 年 6 月 23 日出生，汉族，户籍所在地：湖南省××县金阳镇湘水村 2 组，身份证号：43242419720623××××，档案编号：4324074828××，驾驶证准驾车型：B2，湘 A・RZ2××号小型普通客车驾驶人。湘 A・RZ2××号小型普通客车，车辆登记所有人为周×，车型为别克 SGM6515GL8，车架号为 003××，发动机号为 0903××，车身颜色为蓝色，检验合格至 2016 年 1 月有效，无保险。

宋××，男，1972 年 10 月 10 日出生，汉族，户籍所在地：湖南省××县金阳镇飞马村 1 组，身份证号：43072319721010××××，日新牌电动自行车驾驶人，死亡。

尹××，女， 1977 年 8 月 10 日出生，汉族，户籍所在地：湖南省××县金阳镇飞马村 1 组，身份证号：43242419770810××××，新日牌电动自行车乘坐人，死亡。

事故现场位于××县金阳镇绕城路与护城北路信号灯路口东侧，道路东西走向，全宽 21m，双向四车道，平直、干燥，有交通标志、标线，信号灯路口有照明灯，道路两侧无照明。

道路交通事故发生经过：

2016 年 5 月 8 日晚，周××驾驶湘 A・RZ2××号（未参加定期安全技术检验）小型普通客车，从××县金阳镇家中出发前往××县江南镇其朋友家。当日 20 时 40 分许，车辆沿金阳镇绕城路由西向东通过绕城路与护城路信号灯路口后，遇宋××驾驶的新日牌电动自行车（后载其妻尹××）由东往西行驶至该处左转弯横过道路，致两车相撞，造成两车相撞受损，宋××当场死亡，尹××送医院抢救无效于当日死亡的重大交通事故。

道路交通事故证据及事故形成原因分析：
事故发生后，××县公安局交通警察大队依法对事故现场进行了勘查，绘制了现场图；拍摄了现场及路况照片；制作了现场勘查笔录；询问了当事人及相关人员；调取了监控录像；对周××血液中的酒精含量进行了检验；对周××所驾驶的车辆进行了勘查；对车辆安全性能进行了检验；对车辆肇事前行驶速度进行了鉴定；对宋××、尹××进行了尸体检验；对周××的驾驶资格进行了审核。
经查证核实：周××血液检材中未检出酒精。周××驾驶的车辆未按规定定期检验，事故发生后对车辆安全技术状况进行检验，结论为该车灯光、制动技术状况不符合《机动车运行安全技术条件》(GB 7258—2012)的要求；经鉴定，湘A·RZ2××号小型普通客车肇事前行驶速度为71km/h。驶人周××具备合法的机动车驾驶资格。监控录像已向当事方播放。 事故形成原因分析：周××驾驶未参加定期技术检验、灯光及制动等装置不符合《机动车运行安全技术条件》(GB7258—2012)的机动车；超速行驶，通过路口时观察不够，遇非机动车在道路通行时，未采取有效的避让措施，这是引发此事故的主要原因，其行为对事故发生起主要作用；宋××驾驶电动自行车在路段上横过机动车道时未下车推行，是引发事故的次要原因，其行为对事故发生起次要作用。
当事人导致道路交通事故的过错及责任或者意外原因： 本案的现场图、现场照片及路况照片、车辆照片已向当事方出示；车辆牌证及检验情况、驾驶资格及身份证审核情况已向当事方说明；当事人陈述等证据材料已向当事方宣读；监控录像已让当事人观看；相关鉴定报告已送达当事各方。 周××驾车时的行为违反了《中华人民共和国道路交通安全法》第十三条第一款:“对登记后上道路行驶的机动车，应当依照法律、行政法规的规定，根据车辆用途、载客载货数量、使用年限等不同情况，定期进行安全技术检验”、第二十一条:“驾驶人驾驶机动车上道路行驶前，应当对机动车的安全性能进行认真检查；不得驾驶安全设施不全或者机件不符合技术标准等具有安全隐患的机动车”、第四十二条第一款:“机动车上道路行驶，不得超过限速标志标明的最高时速。在没有限速标志的路段，应当保持安全车速”及《湖南省实施<中华人民共和国道路交通安全法>办法》第二十五条第四款:“机动车遇非机动车、行人在道路上通行时，应当避让”之规定，应承担此事故的主要责任。 宋××驾车时的行为违反了《中华人民共和国道路交通安全法实施条例》第七十条第一款:“驾驶自行车、电动自行车、三轮车在路段上横过机动车道，应当下车推行，有人行横道或者行人过街设施的，应当从人行横道或者行人过街设施通过；没有人行横道、没有行人过街设施或者不便使用行人过街设施的，在确认安全后直行通过”之规定，应承担此次事故的次要责任。 尹××无交通违法行为，不承担此次事故责任。 交通警察：李×× 王×× （交通事故处理专用章） 二〇一六年五月二十八日

当事人对交通事故认定有异议的，可自本认定书送达之日起三日内，向上一级公安机关交通管理部门提出书面复核申请。复核申请应当载明复核请求及其理由和主要证据。

对交通事故损害赔偿的争议，当事人可以请求公安机关交通管理部门调解，也可以直接向人民法院提起民事诉讼。交通事故损害赔偿权利人、义务人一致请求公安机关交通管理部门调解损害赔偿的，应当在收到道路交通事故认定书或者上一级公安机关交通管理部门维持原道路交通事故认定的复核结论之日起十日内向公安机关交通管理部门提出书面调解申请。

（二）道路交通事故复核意见文书示例（见附件2）

附件2：

××市公安局交通警察支队

关于××县公安局交通警察大队

“2016.5.8”交通事故复核结论

×公交核字[2016]第38号

一、事故基本情况

2016年5月8日20时40分许，周××驾驶湘A·RZ2××小型普通客车沿××县绕城路由西向东通过绕城路与护城北路交汇处红绿灯路口后，遇宋××驾驶电动自行车搭乘其妻尹××相向行驶至该处左转弯横过道路，造成两车相撞受损，宋××当场死亡，尹××经医院抢救无效死亡的道路交通事故。

二、申请人基本情况

周××，男，1972年6月23日出生，汉族，户籍所在地：湖南省××县金阳镇湘水村2组，身份证号：43242419720623××××，系此次事故中湘A·RZ2××小型普通客车驾驶人。

三、申请复核的基本事项

申请人对××县公安局交通警察大队(2016)第00060号交通事故认定书不服，对认定其负事故的主要责任有异议，要求支队对事故认定进行复核。

四、复核意见

接到事故复核申请后，支队调阅了事故案卷，复核相关情况，并组织交通事故认定复核小组研究，复核意见如下。

经审查，支队认为××县公安局交通警察大队(2016)第00060号交通事故认定事实不清、证据不足，未查清以下三个方面的问题：第一，事故地点的道路性质(公路或城市道路)；第二，事发路段限速标志的设置情况；第三，湘A·RZ2××小型普通客车驾驶人周××未发现电动自行车行驶动态的原因。根据《道路交通事故处理程序规定》之规定，请××县公安局交通警察大队对此事故重新调查、认定。

××市公安局交通警察支队

2016年7月9日

七、实训报告要求

(1)根据实训案例提供的基本资料、信息等，以实训小组为单位对道路交通事故认定的有关内容进行集体讨论和研究，实训报告应反映实训内容、实训方法、实训步骤和实训成果。

⑵实训报告应体现具体实训成果，主要为道路交通事故认定文书。

⑶制作道路交通事故认定文书，应反映证据和认定内容的联系，适用法律条文应准确。在文书写作上，词句要准确、恰当，文字要简练、通顺，尽可能使用专业术语，制作后要反复检查，特别要注意检查认定文书与具体事故调查材料是否有矛盾。

⑷按学校规定的实验实训报告书样式、内容和要求制作实训报告。

实训项目十三　道路交通事故损害赔偿调解

一、实训目的

(一)知识方面

熟练掌握道路交通事故损害赔偿的项目、标准和计算方法；了解交通事故损害赔偿的调解程序；掌握交通事故损害赔偿调解的技能；了解掌握交通事故损害赔偿调解文书的制作要求。

(二)能力方面

巩固和消化所学相关理论知识，掌握交通事故损害赔偿调解的基本技能，具备处理一般交通事故的能力，能够主持交通事故损害赔偿调解并制作交通事故损害赔偿调解文书。

(三)素质方面

提高学生的动手能力、学习兴趣，培养学生严肃认真、实事求是的科学态度和严谨的工作作风及勇于探索的求实精神。

二、道路交通事故损害赔偿调解导引

交通事故损害是每起交通事故的必然后果，在处理交通事故的过程中，交通事故当事人最关心的是损害赔偿，因此损害赔偿能否调解成功显得更为重要，成功的调解可化解信访隐患和不和谐因素，达到社会效果和法律效果的统一。一般而言，当事人可以自行协商处理损害赔偿事宜。但对交通事故损害赔偿有争议的，可通过三种方式解决：其一，申请人民调解委员会调解；其二，申请公安机关交通管理部门调解；其三，向人民法院提起民事诉讼。

公安机关交通管理部门对交通事故损害赔偿的调解属于行政调解，是在查清交通事故原因后，在交通事故各方当事人完全自愿、一致请求的情况下，依据交通法律、法规的有关规定，召集各方当事人就交通事故损害赔偿的争议进行调解，不具有法律上的强制性。它是公安机关交通管理部门行使行政职权、解决纠纷的一种方式。

(一)交通事故损害赔偿调解的基本要求

1. 交通事故损害赔偿调解条件的要求

(1)公安机关交通管理部门对交通事故损害赔偿的调解，必须是以当事人在收到道路交通事故认定书、道路交通事故证明或者上一级公安机关交通管理部门维持原道路交通事故认定的复核结论之日起十日内一致书面申请为前提条件。

(2)各方当事人向公安机关交通管理部门申请调解前，未向人民法院提起民事诉讼为必要条件。

(3) 公安机关交通管理部门调解期间，当事人向人民法院提起民事诉讼的，调解终止。

(4) 当事人无正当理由不参加调解或者调解过程中放弃的，公安机关交通管理部门有权终止调解。

2. 交通事故损害赔偿调解期限的要求

为了保证事故处理能够及时结案，使受害人及时得到赔偿，避免调解长期进行而无结果，对损害赔偿调解需要规定一个明确的时间限制。《中华人民共和国道路交通安全法实施条例》第九十五条规定“公安机关交通管理部门调解交通事故损害赔偿争议的期限为 10 日”。按一般程序处理交通事故，调解期限起始日期的确定，分为 4 种情况。

(1) 对交通事故致人死亡的，调解从规定的办理丧葬事宜时间结束之日起开始。此时已支付的费用和将来需要赔付的费用已经明确。

(2) 对交通事故造成人员受伤的，调解从治疗终结之日起开始。

(3) 对交通事故造成人员受伤而致残的，调解从定残之日起开始。

(4) 对交通事故造成财产损失的，调解从确定损失之日起开始。

这里的确定损失，不能简单地理解为车物修复后实际花费的费用，实际上只要在修复前能确定损失，即通常说事故车辆定损(含修复可能花去的费用，或不能修复需要折价赔偿的费用)就可以对事故损害赔偿进行调解。

公安机关交通管理部门受理调解申请时，已超过以上 4 种情况规定的时间，调解期限自受理调解申请之日起开始。

3. 交通事故损害赔偿调解参加人的要求

首先，对各方当事人的资格审查。《道路交通事故处理程序规定》规定下列人员可以参加调解：交通事故当事人及其代理人；交通事故车辆所有人或者管理人；承保机动车保险的保险公司人员；公安机关交通管理部门认为有必要参加的其他人员。代理人应当出具由委托人签名或者盖章的授权委托书，授权委托书应当载明委托事项和权限。参加调解时当事一方不得超过 3 人。

其次，对各方参加人员的行为能力审查。参加交通事故损害赔偿调解的人员，在参加调解过程中所做出的行为属于民事法律行为，不论对调解持有什么意见，都具有法律的有效性，都对调解行为负责。因此，行为人仅有资格还不行，必须是既有资格又有民事行为能力的人。《中华人民共和国民法通则》规定，调解参加人必须有相应的民事行为能力，在调解会上能够提出自己真实和肯定的意见，行使自己的权利，承担自己行为所产生的一切法律后果。

最后，调解应当公开进行，但当事人申请不予公开的除外。

4. 交通事故损害调解文书的制作要求

(1) 交通事故调解记录的制作要求。交通事故调解记录是记录公安机关对一起交通事故损害依法进行调解的全过程的记录性文书。内容应包括：调解开始时间和结束时间；调解地点；主持调解的交通警察姓名；各方当事人或代理人姓名、性别、年龄、身份证号、联系方式、现住址或单位等基本情况；公安机关交通管理部门通知当事人约定的调解时间、地点和方式；各方当事人的意见及调解结果。

(2)交通事故损害赔偿调解书的制作要求。交通事故损害赔偿经公安机关交通管理部门调解后，达成协议的，应制作损害赔偿调解书。主要包括：调解依据；道路交通事故认定书认定的基本事实和损失情况；损害赔偿的项目和数额；各方的损害赔偿责任及比例；赔偿履行方式和期限；调解日期。调解书是当事各方对交通事故损害赔偿经过调解后，意见一致达成协议时，由公安机关制作的文字材料。调解书是调解成功的标志，调解书应分别送交各方当事人，具体包括以下内容：交通事故的时间、地点，各方当事人姓名、性别、年龄、住址或单位、交通方式、车牌号等事故原始情况和损失情况；各方当事人的损害赔偿责任；损害赔偿的项目和数额；当事人自愿协调达成一致的意见；赔偿方式和日期；调解终结的日期；各方当事人或代理人签名；附记(当事人要求交通警察转交赔偿款情况)；告知内容(调解书生效后，赔偿义务人不履行的，当事人可以向人民法院提起民事诉讼)；主持调解交通警察签名、加盖调解部门印章。

(3)交通事故损害赔偿调解终结书的制作要求。交通事故损害赔偿调解终结书是公安机关交通管理部门依照交通法律、法规规定，对交通事故赔偿调解当事人未达成协议的，通知被调解人调解终结的文书。调解终结书应送交各方当事人，其内容包括：事故时间、地点；当事人基本情况；未达成协议的原因；调解终结的日期；告知当事人内容(对损害赔偿争议，当事人可以向人民法院提起民事诉讼)；调解主持人签名及调解部门印章。

(二)交通事故损害赔偿的权利人及责任主体

(1)交通事故损害赔偿的权利人，是指因交通“侵权行为或者其他致害原因直接遭受人身损害的受害人、依法由受害人承担扶养义务的被扶养人以及死亡受害人的近亲属”[①]和直接遭受财产损失的所有人。

(2)交通事故损害赔偿权利人的民事行为能力、民事活动及代理。《中华人民共和国民法通则》规定，公民从出生时起到死亡时止，具有民事权利能力，依法享有民事权利，承担民事义务，公民的民事权利能力一律平等。同时对公民的民事行为能力和参与民事活动作了具体规定。

①18周岁以上的公民是成年人，具有完全民事行为能力，可以独立进行民事活动，是完全民事行为能力人。16周岁以上不满18周岁的公民，以自己的劳动收入为主要生活来源的，视为完全民事行为能力人。

②10周岁以上的未成年人是限制民事行为能力人，可以进行与他的年龄、智力相适应的民事活动；其他民事活动由他的法定代理人代理，或者征得他的法定代理人的同意。不满10周岁的未成年人是无民事行为能力人，由他的法定代理人代理民事活动。

③不能辨认自己行为的精神病人是无民事行为能力人，由他的法定代理人代理民事活动。不能完全辨认自己行为的精神病人是限制民事行为能力人，可以进行与他的精神健康状况相适应的民事活动；其他民事活动由他的法定代理人代理，或者征得他的法定代理人的同意。

④无民事行为能力人、限制民事行为能力人的监护人是他的法定代理人。

① 《最高人民法院关于审理人身损害赔偿案件适用法律若干问题的解释》第一条第二款。

⑤未成年人的父母是未成年人的监护人。未成年人的父母已经死亡或者没有监护能力的，由下列人员中有监护能力的人担任监护人：祖父母、外祖父母；兄、姐；关系密切的其他亲属、朋友愿意承担监护责任，经未成年人的父、母的所在单位或者未成年人住所地的居民委员会、村民委员会同意的。对担任监护人有争议的，由未成年人的父、母的所在单位或者未成年人住所地的居民委员会、村民委员会在近亲属中指定。对指定不服提起诉讼的，由人民法院裁决。

⑥无民事行为能力或者限制民事行为能力的精神病人，由下列人员担任监护人：配偶；父母；成年子女；其他近亲属；关系密切的其他亲属、朋友愿意承担监护责任，经精神病人的所在单位或者住所地的居民委员会、村民委员会同意的。对担任监护人有争议的，由精神病人的所在单位或者住所地的居民委员会、村民委员会在近亲属中指定。对指定不服提起诉讼的，由人民法院裁决。

⑦监护人应当履行监护职责，保护被监护人的人身、财产及其他合法权益，除为被监护人的利益外，不得处理被监护人的财产。监护人依法履行监护的权利，受法律保护。监护人不履行监护职责或者侵害被监护人的合法权益的，应当承担责任；给被监护人造成财产损失的，应当赔偿损失。人民法院可以根据有关人员或者有关单位的申请，撤销监护人的资格。

⑧精神病人的利害关系人，可以向人民法院申请宣告精神病人为无民事行为能力人或者限制民事行为能力人。被人民法院宣告为无民事行为能力人或者限制民事行为能力人的，根据他健康恢复的状况，经本人或者利害关系人申请，人民法院可以宣告他为限制民事行为能力人或者完全民事行为能力人。

可见，交通事故损害赔偿权利人的资格不在于是否具有完全民事行为能力，而在于是否具有民事权利能力。凡是具有实体法上的民事权利能力，又因交通侵权行为而使其民事权利受到侵害的人，就具有赔偿权利人的资格。

(3) 交通事故赔偿责任主体，是指对损害后果应承担赔偿责任的人，其不仅限于事故发生的责任人，还包括其他依法应当承担民事责任的自然人、法人或其他组织。

在交通事故损害赔偿中，损害赔偿责任主体既包括直接参与的当事人，如行人、驾驶人、乘客等，也包括间接参与了交通事故法律关系的人，如车主、保险公司等，如以下情况。

①雇佣关系下形成的交通事故，由雇主承担民事赔偿责任，雇员有重大过错的，应承担连带赔偿责任。

②未满 18 周岁的未成年人造成交通事故，应由监护人承担民事赔偿责任。

③车辆出借的情况下，如果出借人出借的车辆有瑕疵，或明知借用人不具有驾驶资格而借用的，对事故的赔偿与借用人承担连带赔偿责任。

④若车辆参加交强险，承保的保险公司在责任限额内进行赔偿。

⑤2 人以上共同故意或者共同过失致人损害，或者虽无共同故意、共同过失，但其侵害行为直接结合发生同一损害后果的，构成共同侵权，应当承担连带责任。

(三)交通事故损害赔偿的范围

依据有关确定道路交通事故损害赔偿的法律规定，我国道路交通事故损害赔偿可分为三个范围：一是道路交通事故造成人身伤亡的人身损害赔偿；二是道路交通事故造成人身伤亡的受害方要求的精神损害赔偿；三是道路交通事故造成的财产损害赔偿。

1. 人身损害赔偿范围及标准

根据《道路交通事故处理程序规定》，交通事故造成人身损害的赔偿项目及标准应按照《最高人民法院关于审理人身损害赔偿案件适用法律若干问题的解释》来计算。按照《最高人民法院关于审理人身损害赔偿案件适用法律若干问题的解释》的规定，对人身损害赔偿费项目包括：医疗费、误工费、护理费、交通费、住宿费、住院伙食补助费、必要的营养费、残疾赔偿金、残疾辅助器具费、被扶养人生活费、丧葬费、死亡补偿费等。人身损害赔偿范围可分为：受害人受伤赔偿项目、受害人致残赔偿项目、受害人死亡赔偿项目。

(1)受害人受伤赔偿项目。受害人受伤是指受害人的健康权利遭受侵害，破坏了人体生理机能的正常运作和身体功能的完善发挥，但未达到伤残。受害人受伤主要涉及医疗支出的各项费用以及因误工减少的收入，包括医疗费、误工费、护理费、交通费、住宿费、住院伙食补助费、必要的营养费。

(2)受害人致残赔偿项目。受害人致残是指受害人的健康权利遭受侵害，破坏了人体生理机能的正常运作和身体功能的完善发挥，并造成残疾的。受害人致残赔偿项目包括两部分：第一部分是定残之前的，与受害人受伤赔偿项目完全相同；第二部分是定残之后的，包括残疾赔偿金、残疾辅助器具费、被扶养人生活费、后续护理费、医疗费、康复费等。

(3)受害人死亡赔偿项目。受害人死亡赔偿项目是受害人遭受人身损害造成死亡后，死亡受害人的近亲属以及其生前依法承担抚养义务的被扶养人请求的赔偿项目。包括医疗费、误工费、护理费、交通费、住宿费、住院伙食补助费、必要的营养费、被扶养人生活费、丧葬费、死亡补偿费以及亲属办理丧葬事宜支出的交通费、住宿费、误工费等其他合理费用。

(4)人身损害赔偿费用的标准。

①医疗费，是指受害人因治疗道路交通事故所受创伤使身体复原所必需的医药费和治疗费用，包括挂号费、检验费、手术费、治疗费、药费和住院费等。医疗费应当根据医疗机构出具的收据凭证，结合病历和诊断证明等相关证据确定。

②误工费，是指受害人因侵权行为造成的损害后果耽误其工作而损失的收入，应当根据患者的误工时间和收入状况确定。误工时间按照实际损害程度、恢复状况，参照治疗医院出具的证明或法医鉴定等认定。受害人因伤致残持续误工的，误工时间可以计算至定残日前1天。

受害人有固定收入的，误工费按照受害人实际减少的收入计算。“固定收入”，是指有街道办事处、乡镇人民政府证明或有关凭证，在道路交通事故发生前从事某种劳动，其收入能维持本人正常生活的，包括城乡个体工商户、家庭服务人员等。“有固定收入的”，包括非农业人口中有固定收入的和农业人口中有固定收入的。非农业人口中有固定收入的，是指在国家机关、企业事业组织、社会团体等单位按期得到收入的，其中包括工资、奖金及国家规定的补贴、津贴。奖金以道路交通事故发生时上一年度本单位人均奖金计算，超出税计征起点的，以计征起点为限。农业人口中有固定收入的，是指从事农、林、牧、渔业的在业人员，其收入按照道路交通事故发生地劳动力人均纯收入计算。

受害人无固定收入的，误工费按照受害人最近三年的平均收入计算；受害人不能举证证明其最近三年的平均收入状况的，可以参照受诉法院所在地相同或者相近行业上一年度职工的平均工资计算。"无固定收入的"，是指本人生活来源主要或全部依靠他人供给，或者偶然有少量收入，但不足以维持本人正常生活的。

③护理费，是指受害人在因医疗损害接受治疗期间，生活不能自理确需专人护理而发生的费用。护理人员有固定收入的，参照误工费的规定计算；护理人员无固定收入的或者雇佣护工的，参照当地护工的同等级别护理的劳务报酬标准计算。护理人员原则上为 1 人，医疗机构或者鉴定机构有明确意见的，可以参照确定护理人员人数。护理期限应计算至受害人恢复生活能力时止。受害人因残疾不能恢复生活自理能力的，可以根据其年龄、健康状况等因素确定合理的护理期限，但最长不超过 20 年。受害人定残后的护理，应该根据其护理依赖程度并结合配制残疾辅助器具的情况确定护理级别。

④交通费，是指受害人及其必要的陪护人员因就医或者转院治疗或者受害人亲属办理丧葬事宜，必须乘坐交通工具而实际支出的费用。交通工具一般以当地普通交通工具为限，因病情特殊需要使用其他交通工具而支出的高额交通费，需要对其合理性进行说明。交通费应当以正式票据为凭；有关凭据应当与就医地点、时间、人数、次数相符合。

⑤住宿费，是指受害人本人及其必要的陪护人员到外地就医、参加交通事故处理或者受害人亲属办理丧葬事宜等，实际发生的必须支付的合理的住宿费用。住宿标准通常按照医疗损害发生地国家机关一般工作人员的出差住宿标准计算，凭据支付。

⑥住院伙食补助费，是指受害人因医疗损害在医疗机构住院期间需要加强饮食配合治疗而补助的费用。住院伙食补助费的计算方式为住院天数乘以伙食补助费标准数额。住院伙食补助费可以参照当地国家机关一般工作人员的出差伙食补助标准予以确定。

⑦营养费，是指受害人通过平常饮食的摄入尚不能满足受损体的需求，而需要以平常饮食以外的营养品作为对身体补充而支出的费用。营养费根据受害人伤残情况参照医疗机构的意见确定。

⑧残疾赔偿金，是指受害人因遭受交通损害致残而丧失全部劳动能力或部分劳动能力，导致收入的减少或者生活来源丧失而给予财产损失性质的赔偿。残疾赔偿金的赔偿标准，根据受害人丧失劳动能力的程度或残疾等级，按照受诉法院所在地上一年度城镇居民人均可支配收入或农村居民人均纯收入标准，自定残之日起按 20 年计算。但 60 周岁以上的，年龄每增加 1 岁则减少 1 年；75 周岁以上的，按 5 年计算。受害人因伤致残但实际收入没有减少，或者伤残等级较轻但造成职业妨害严重影响其劳动就业的，可以对残疾赔偿金作相应调整。

⑨残疾辅助器具费，是指受害人因交通事故导致某生理功能全部或部分损失而需配置功能器具时支出的费用，如残疾人轮椅车、拐杖、假肢、助听器等。残疾辅助器具费

按照普通适用器具的合理费用标准计算。伤情有特殊需要的，可以参照辅助器具配制机构的意见确定相应的合理费用标准。辅助器具的更换周期和赔偿期限参照配制机构的意见确定。

⑩丧葬费，是指安葬因交通事故死亡的死者所支出的合理费用，包括安排死者生前好友、亲属遗体告别租用场地的合理费用，为死者整理仪容、火化、运尸等费用。丧葬费的计算应按照受诉法院所在地上一年度职工月平均工资标准，以 6 个月总额计算。

⑪死亡补偿费，是指因交通事故死亡而给死者家属的抚慰金以及给死者家庭遭受损失的补偿金。就《中华人民共和国侵权责任法》的规定看，死亡赔偿费的性质属于对受害人因侵权行为造成的收入减少的损失赔偿。死亡赔偿费按照受诉法院所在地上一年度城镇居民人均可支配收入或者农村居民人均纯收入标准，按 20 年计算。但 60 周岁以上的，年龄每增加 1 岁则减少 1 年；75 周岁以上的，按 5 年计算。

⑫被扶养人生活费，是指交通事故的死者生前或者残者丧失劳动能力前“实际扶养的、没有其他生活来源的人”的生活费用。这里指的残者丧失劳动能力应按照《人体损伤致残程度分级》的标准确定。被扶养人是指受害人依法应当承担扶养义务的未成年人或者丧失劳动能力又无其他生活来源的成年近亲属。被扶养人还有其他扶养人的，赔偿义务人只赔偿受害人依法应当负担的部分。被扶养人有数人的，年赔偿总额累计不超过上一年度城镇居民人均消费性支出额或者农村居民人均年生活消费支出额。“实际扶养的、没有其他生活来源的人”，是指交通事故的死者生前或者残者丧失劳动能力前已经在扶养的、无收入的被扶养人，包括配偶、父母、子女、兄弟姐妹、祖父母、外祖父母、孙子女、外孙子女等。被扶养人生活费根据扶养人丧失劳动能力程度，按照受诉法院所在地上一年度城镇居民人均消费性支出和农村居民人均年生活消费支出标准计算。被扶养人为未成年人的，计算至 18 周岁；被扶养人无劳动能力又无其他生活来源的，计算 20 年。但 60 周岁以上的，年龄每增加 1 岁则减少 1 年；75 周岁以上的，按 5 年计算。

2. 精神损害赔偿范围及标准

(1) 精神损害赔偿范围。精神损害赔偿是指自然人因其人身权受到不法侵害，使其人格利益和身份利益受到损害或遭受精神痛苦，受害人本人或者近亲属要求侵权人通过财产赔偿等方式进行救济和保护的民事法律制度。[①]在交通事故损害赔偿中，精神损害赔偿应以交通事故致人精神损害，造成严重后果为限。凡造成受害人残疾的，无论伤残等级如何，受害人所受的精神损害是严重的，属于“造成严重后果”的情形，伤残等级越高精神损害越严重。[②]

(2) 精神损害赔偿标准。精神损害赔偿金是对人身权受损造成精神损害的民事救济手段，赔偿金额客观上难以把握，原则上主要注意两点：第一，必须是受害方的请求，只有受害方正式提出赔偿的诉讼，法院才予以审理和裁判，受害方未提出诉讼请求，法院不能自动作出处理；第二，坚持宜低不宜高，适当补偿的原则。

① 黄松有. 最高人民法院人身损害赔偿司法解释的理解与适用. 北京: 人民法院出版社，2004: 31.

② 黄松有. 最高人民法院人身损害赔偿司法解释的理解与适用. 北京: 人民法院出版社，2004: 275.

3. 财产损害赔偿范围及标准

交通事故财产损害赔偿的项目和标准，在《中华人民共和国道路交通安全法》中未作规定，在《中华人民共和国道路交通安全法实施条例》中只是规定了法律依据。其第九十五条第二款规定："交通事故损害赔偿项目和标准依照有关法律的规定执行。"

依据《道路交通事故处理程序规定》第九十一条第四款规定"计算损害赔偿的数额，确定各方当事人承担的比例，人身损害的标准按照《中华人民共和国侵权责任法》《最高人民法院关于审理人身损害赔偿案件适用法律若干问题的解释》《最高人民法院关于审理道路交通事故损害赔偿案件适用法律若干问题的解释》等有关规定执行，财产损失修复费用、折价赔偿费用按照实际价值或者评估机构的评估结论计算"和《民法通则》第一百一十七条规定"侵占国家的、集体的财产或者他人财产的，应当返还财产，不能返还财产的，应当折价赔偿。损坏国家的、集体的财产或者他人财产的，应当恢复原状或者折价赔偿。受害人因此遭受其他重大损失的，侵害人应当赔偿损失"等，来确定交通事故造成的财产损害赔偿项目和标准。赔偿的方式应包括恢复原状(修复)和折价赔偿。

(1)恢复原状(修复)，是指对于交通事故损坏的财物，应尽量使其恢复到损坏以前的原来状态。适用修复的条件是财物损害程度较轻，原物主要部分没有损坏，基本功能没有受到大的影响，经过维修或者配换零件即可发挥正常效能的损害。对这种损害，应由加害人或受害人将被损坏的物品加以修复，其修理和更换零件的费用，由加害人支付。在交通事故造成财产损失时多采用修复的方式。一般只有在不能修复的情况下才采用折价赔偿的方式。

修复以就地修复为主，当地无修复条件或者当事人自己有修复条件的，也可以在有修复条件的地方修复。修复前，可申请有关部门估算修复价格，也可以招标修复。如果对是否可以修复有争议，可申请有关部门进行鉴定。牲畜因伤未失去使用价值，应以就地治疗为主。需要注意的是，修复应尽量使其恢复到损坏以前的原来状态，即在使用功能上、形态上和价值上都不会有太大的变化，即不能因此使其使用性质有太大的降低，也不能因此提高很多。

(2)折价赔偿，是指对于交通事故损坏的财物不能修复，或者修复费用高昂，双方当事人同意不修复的，折成一定数额的人民币进行赔偿。在损坏财产无法修复，但原物的价值和使用价值已经发生减损的情况下，即应采取折价赔偿。

折价赔偿就是将损害的财产计算出实际减少的价值，按照实际减少的价值进行赔偿。对于侵害财产使原物灭失即原物的价值全部丧失的，以原物的原有价值进行赔偿；对侵害财产使原物损坏，或者可以修复，但原物价值仍然受到一定程度影响的，就要计算出原物实际减少的价值进行赔偿。

计算直接财产损失的赔偿范围，首先必须确定原物的价值。原物价值的计算，必须根据原物的原有价值、可以使用时间、已经使用时间等因素综合判断。其公式应当是

$$原物价值=原物价格-原物价值\times\frac{已用时间}{可用时间}$$

$$财产直接损失=原物价值-残余价值$$

实践中，经双方当事人协调一致，也可以部分修复，部分折价，或者以同种同类同

质量的实物予以赔偿。交通事故造成牲畜受伤失去使用价值或死亡的，凭区、县级兽医院或牲畜交易管理机关开具的证明或鉴定，折价赔偿。

（四）交通事故损害赔偿调解的程序

1. 约定调解的时间、地点

在调解时机成熟后，公安机关交通管理部门应当与当事人约定调解的时间、地点，并于调解时间三日前通知当事人。口头通知的应当记入调解记录。调解参加人因故不能按期参加调解的，应当在预定调解时间一日前通知承办的交通警察，请求变更调解时间。

2. 调解

公安机关交通管理部门指派交通警察组织各方当事人按约定时间、地点进行调解，根据《道路交通事故处理程序规定》按照以下程序组织调解会。

(1)告知各方当事人权利、义务。

(2)听取各方当事人的请求及理由。

(3)根据交通事故认定书认定的事实以及《中华人民共和国道路交通安全法》第七十六条的规定，确定当事人承担的损害赔偿责任。

(4)计算人身损害赔偿的数额，确定各方当事人承担的比例。人身损害赔偿的标准按照《中华人民共和国侵权责任法》《最高人民法院关于审理人身损害赔偿案件适用法律若干问题的解释》《最高人民法院关于审理道路交通事故损害赔偿案件适用法律若干问题的解释》等有关规定执行。财产损失的修复费用、折价赔偿费用按照实际价值或者评估机构的评估结论计算。

(5)确定赔偿履行方式及期限。

3. 制作调解文书

公安机关交通管理部门在进行交通事故损害赔偿调解时，需要制作交通事故调解记录。除此之外，若调解达成协议的还要制作交通事故损害赔偿调解书，若未达成协议的还要制作交通事故损害赔偿终结书。

三、实训内容与要求

（一）实训内容

选择设置机动车碰撞行人、汽车与汽车碰撞、汽车与两轮车碰撞、汽车翻车等事故引发的死、伤情景，来设计不同的交通事故案件，进行模拟损害赔偿调解的训练。

（二）实训要求

(1)模拟案例必须满足进行损害赔偿调解的条件。

(2)必须严格按受伤的、致残的、死亡的调解期限起始日期进行。

(3)损害赔偿调解的过程必须符合程序规定。

(4)损害赔偿调解的内容必须属于损害赔偿的项目。

(5)交通事故损害赔偿调解文书的制作必须规范。

(6)实现调解人、当事人、代理人等角色的实战训练。

四、实训场地与器材

(一)实训场地

损害赔偿调解实训室(安装有多媒体教学设备的教室或具备计算机及投影设备的活动室)，采用模拟场景进行。

(二)实训器材

(1)所有参训学生按规定，着当季执勤服(戴帽)。

(2)警用文书包、单警执法视音频执法记录仪、(数码)照相机、仿真法律文书(交通事故损害赔偿调解记录、交通事故损害赔偿调解书、交通事故损害赔偿调解终结书)。

五、实训步骤和方法

(一)实训准备

1. 实训情境设定

时间：20××年××月××日上午(下午)×时×分

地点：损害赔偿调解实训室(安装有多媒体教学设备的教室或具备计算机及投影设备的活动室)

交通事故概况：根据情况主训教师制定一份"道路交通事故损害赔偿调解实训方案"，可选择设置机动车碰撞行人、汽车与汽车碰撞、汽车与两轮车碰撞、汽车翻车等事故引发的死、伤情景。根据案情，开展交通事故损害赔偿调解，并按要求制作调解文书。

2. 分组和分工安排

建议每个实训小组由10名学生组成，每个区队分成4～5个实训小组，每个实训小组按实训方案进行任务分工和角色定位。

3. 全面熟悉案件情况，并制定调解计划

(二)实训步骤、内容

1. 审查案件材料

看是否满足"交通事故损害赔偿权利人、义务人在法律规定的时限内一致提出书面调解"的条件；是否符合受伤的、致残的、死亡的调解期限起始日期；损害赔偿调解参加人是否具备资格。

2. 调解

(1)告知各方当事人权利、义务。

(2)介绍交通事故的基本情况。

(3)听取各方当事人的请求及理由，允许各参加人进行辩论。

(4)分析当事人的行为对发生交通事故所起的作用以及过错的严重程度，并对当事人进行教育。

(5)根据交通事故认定书认定的事实以及《中华人民共和国道路交通安全法》第七十六条的规定，确定当事人承担的损害赔偿责任并宣读交通事故认定书。

(6)计算人身损害赔偿和财产损失总额，确定各方当事人分担的数额。

(7)就各方当事人的要求结合案件的实际情况，进行说服、劝导。

(8)确定赔偿方式及期限。

3. 制作调解文书

(1)制作交通事故调解记录。按交通事故调解记录的要求制作。

(2)制作交通事故损害赔偿调解书(达成协议的)。按交通事故损害赔偿调解书的要求制作。

(3)制作交通事故损害赔偿终结书(未达成协议的)。按交通事故损害赔偿终结书的要求制作。

(三)教师点评

(1)主讲教师和辅助教师在学生进行实训过程中，及时发现、纠正存在的问题。

(2)在实训结束后，每组学生进行总结汇报，其他学生进行补充和纠正，最后授课教师对各组实训情况进行点评。

六、典型实训情境操作步骤示例

(一)实训准备

1. 实训情境设定

时间：20××年××月××日上午(下午)×时×分

地点：损害赔偿调解实训室(安装有多媒体教学设备的教室或具备计算机及投影设备的活动室)

案例概况：驾驶人王某驾驶轿车(载2人)在交叉路口因超速碰撞不按规定横穿道路的行人后，采取措施不当冲撞道路护栏，造成行人周某当场死亡，乘车人杨某受伤，车辆受损的交通事故。驾驶人王某负交通事故主要责任，行人周某负交通事故次要责任，乘车人杨某无责任。(行人周某，男，40岁，某公司职员，有一个10岁的孩子和75岁的无业养父；乘车人杨某，女，27岁，某小学教师，住院治疗28天)

2. 分组和分工安排

建议每个实训小组由10名学生组成(2名交警、2名驾驶人方代表、3名死者方代表、3名伤者方代表)，每个区队分成4～5个实训小组。

3. 全面熟悉案件情况，并制定调解计划

对案件中涉及的人、家庭情况、受伤情况、赔偿项目等要事先了解清楚，做到心中有数，以便抓住重点。

(二)实训步骤

(1)以实训小组为单位，根据实训案例开展交通事故损害赔偿调解过程的模拟训练。组织各方当事人进行调解(小组成员角色分工)，按以下程序组织调解。

①告知各方当事人权利、义务。

②介绍交通事故的基本情况。

③听取各方当事人的请求及理由，允许各参加人进行辩论。

④分析驾驶人王某、行人周某的行为对发生交通事故所起的作用以及过错的严重程度，并对其进行教育。

⑤根据交通事故认定书认定的当事人责任以及《中华人民共和国道路交通安全法》第七十六条的规定，确定驾驶人王某、行人周某应承担的损害赔偿责任；宣读交通事故认定书。

⑥计算死者周某的损害赔偿额(包括被扶养人生活费、丧葬费、死亡补偿费以及亲属办理丧葬事宜支出的交通费、住宿费、误工费等)；计算伤者杨某的损害赔偿额(包括医疗费、误工费、护理费、交通费、住宿费、住院伙食补助费、必要的营养费等)。

⑦按照实际修复费用计算车辆损失额。

⑧根据人身损害赔偿和财产损失总额，确定各方当事人分担的数额。

⑨就各方当事人的要求结合案件的实际情况，进行说服、劝导。

⑩确定赔偿方式及期限。

(2)制作调解文书。

①制作交通事故调解记录。

②制作交通事故损害赔偿调解书。

(3)学生自评与互评和教师点评。

自我点评操作中的不足和失误，其他学生进行补充和纠正；授课教师在实训过程中进行归纳点评，及时发现、纠正在现场实训过程中存在的问题。

(三)实训考核

(1)实训考核采用五级计分制，即优(90 分以上)、良(80～89 分)、中(70～79 分)、合格(60～69 分)、不合格(60 分以下)。

(2)实训的各个组成部分分别按实训准备(30 分)、模拟训练(40 分)、文书制作(20 分)、团队协作(10 分)的权重比例进行折算得出综合成绩。

(3)学员个人成绩以小组最终成绩为基准，根据个人在小组任务中的表现，上下浮动 1 个分数段。

(4)授课教师是主考评人，指导教师、辅助教官参与考评。

七、实训报告

实训报告是反映实训教学过程的文字记载材料，也是学生实训成绩考核的重要依据。

（一）实训报告要求

(1) 以小组为单位提交实训报告。

(2) 实训报告格式符合本课程实训报告统一要求（见附录）。

(3) 实训报告内容应当规范、完整记录实训过程，认真总结实训过程中遇到的问题，阐述实训体会。

（二）实训报告撰写指南

实训报告撰写的重点在于阐述实训内容和实训总结。实训内容要记录实训过程中所有内容、要求、步骤，着重阐述自己承担的实训任务的内容。实训总结可阐明实训过程中的体会，如实训项目整体的设计、实训项目的意义、实训项目的组织形式、实训的收获和建议等。实训测评分为小组测评、教师测评和综合测评，分别按实训准备、模拟训练、文书制作、团队协作等项目内容的权重比例进行打分，最后折算得出综合成绩。

实训项目十四　道路交通事故案卷整理

一、实训目的

（一）知识方面

了解交通事故案卷的组成以及交通事故案卷整理过程中的基本要求；掌握不同程序处理的案卷所需的材料及其装订顺序。

（二）能力方面

提高学生案卷整理的能力，使其能熟练掌握材料按程序分类整理及装订成册等工作。

（三）素质方面

提高学生的动手能力、学习兴趣，培养学生严肃认真、实事求是的科学态度和严谨的工作作风及勇于探索的求实精神，从而为学生日后参加基层工作打下坚实的基础。

二、道路交通事故案卷整理导引

道路交通事故案卷是公安机关交通管理部门在处理交通事故的过程中，依法制作或收集的各种与交通事故处理有关的文件和材料，按照一定的规范编排整理所形成的案件资料汇总，其可以对交通事故处理工作进行完整记录，是分析交通事故发生过程及处理事故的重要依据，是道路交通安全研究与宣传的重要资料。

（一）道路交通事故案卷的组成

1. 案卷文书

案卷文书是指公安机关交通管理部门在处理交通事故的过程中，依法制作或收集的各种与交通事故处理有关的文件和材料。

2. 案卷目录

案卷目录又称为卷内文件目录，是交通事故案卷中用于记录案卷内案卷文书名称、数量、责任者、制作或取得日期、在案卷中的排列序号等基本检索信息的重要组成部分，是人们查阅交通事故卷和快速浏览案卷基本内容的重要工具。

3. 档案袋

档案袋是交通事故处理过程中案卷文书的临时装具。案卷归档保存时，办案人员应当除去装案卷文书的档案袋，并使用软卷皮将案卷文书装订后装入卷盒内保存。档案袋的正面应当按照规定填写档案名称、事故类别、编号、事故时间、地点、立档单位和办案人等项目。

4. 卷内备考表

卷内备考表是专门用于记载案卷内案卷文书发生缺损、修改、补充、移出、销毁等情况的案卷材料。

5. 卷皮、卷盒

卷皮是用于装订和保护案卷文书的案卷封皮。卷皮分为硬卷皮和软卷皮两种。交通事故卷一般采用软卷皮装订，只有当公安机关交通管理部门需要向人民检察院、人民法院等其他有关机关或部门移送处理事故案件时，才使用硬卷皮装订交通事故案卷。

（二）案卷档案袋、卷皮、卷盒格式

1. 档案袋

(1)案件办理过程中作为临时装具。案卷归档保存时，应除去档案袋，使用软卷皮装订，装入卷盒内保存。

(2)档案袋外形尺寸：300mm×220mm×30mm(图 14-1)。

(3)档案袋正面项目：档案名称、事故类别、编号、事故时间、地点、立档单位、办案人(图 14-2)。

2. 硬卷皮格式

(1)硬卷皮采用 GB 9705—2008 中的规定格式，主要用于移送有关部门处理的事故案卷的装订。

(2)硬卷皮封面尺寸规格：300mm×220mm，封底尺寸同封面尺寸，封底三边(上、下、翻口处)要另有 70mm 宽的折叠纸舌。卷皮上、下侧装订处要各有 20mm 宽的装订纸舌，卷脊可根据需要分别设为 10mm、15mm、20mm 三种厚度(图 14-3)。

(3)硬卷皮封面项目包括全宗名称、类目名称、案卷题名、时间、保管期限、件、页数、归档号、档号。各项目具体位置、尺寸(图 14-4)。

(4)硬卷皮卷脊项目包括全宗号、目录号、年度、案卷号，其排列格式、尺寸(图 14-5)。

3. 软卷皮格式

(1)软卷皮封皮和封底尺寸规格为 297mm×210mm。其厚度可根据需要设定为≤15mm。

(2)软卷皮封皮项目同硬卷皮。

4. 档案袋、卷皮项目的填写方法

(1)类别：按公安部交通事故分类划分规定。

(2)编号：立档单位保管案卷所编定的号码。

(3)全宗名称：与立档单位的名称相同。

(4)类目名称：道路交通事故档案。

(5)案卷题名：由办案人自拟，文字力求简练、明确。

(6)时间：发生事故的时间。定期多案归入一卷的，要填写第一个案件的时间至最后一个案件的时间。

(7)归档号：填写文书处理号，由立卷人填写。

(8)封面档号由全宗号、目录号、案卷号组成。

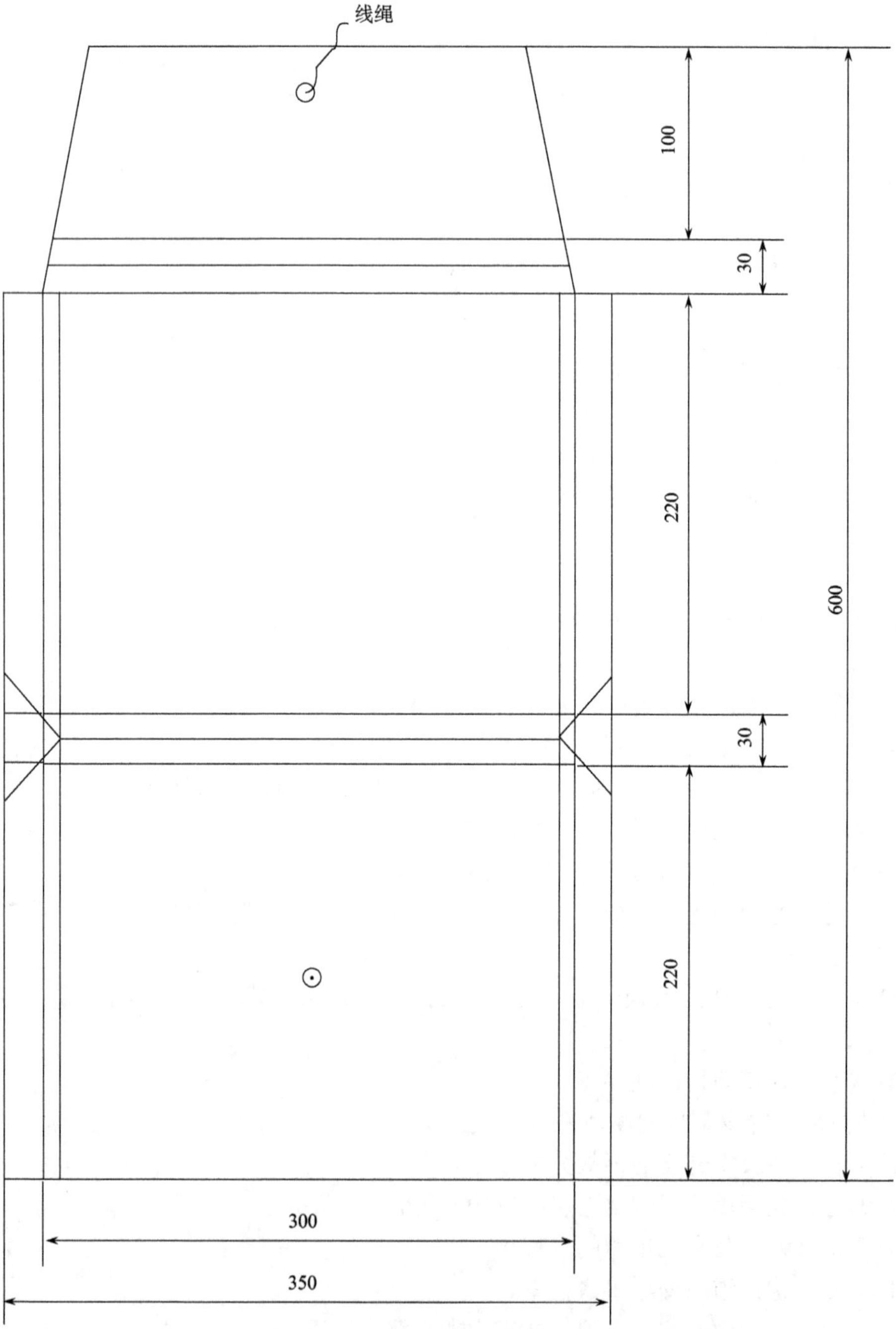

单位：mm

图 14-1 档案袋

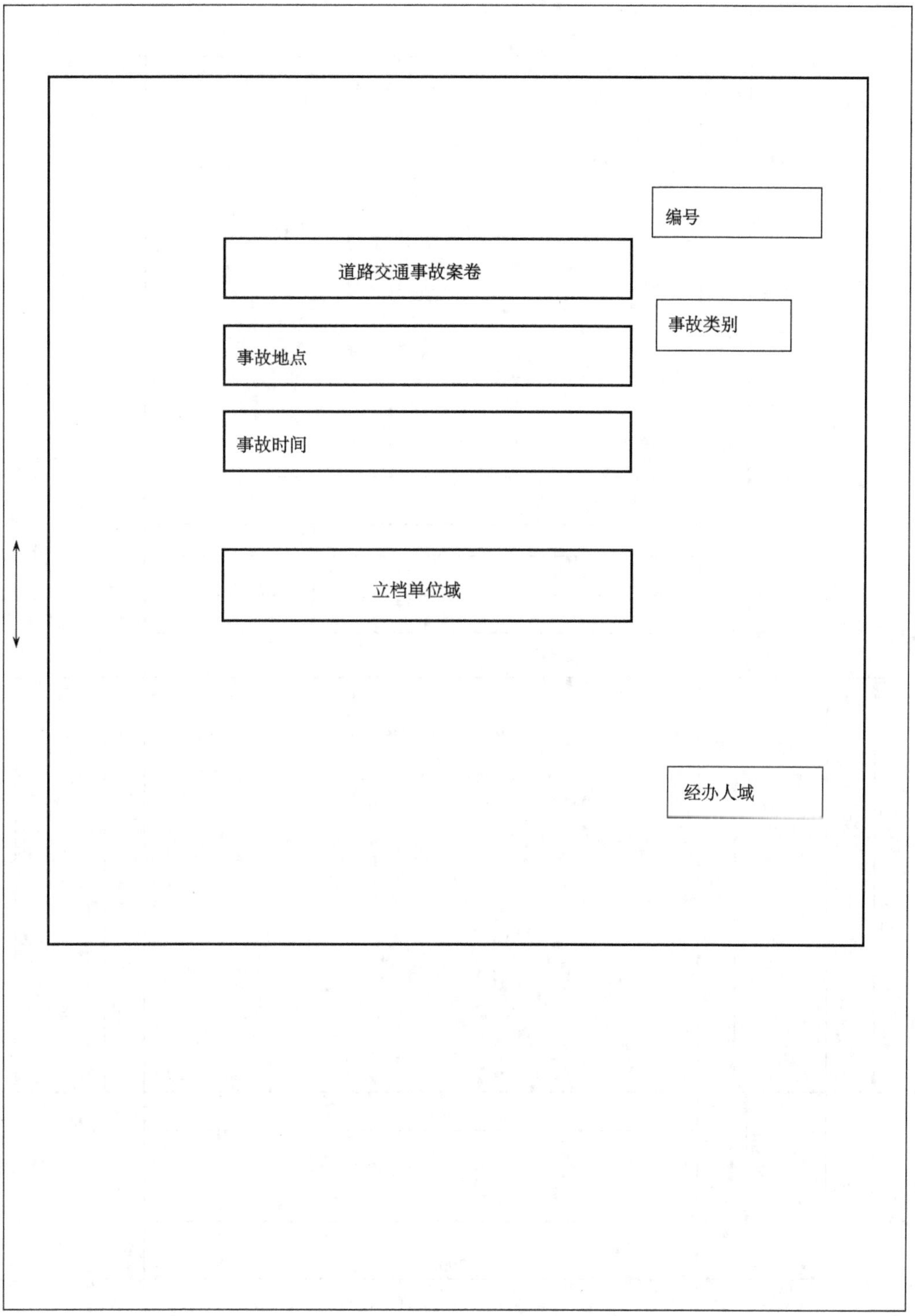

图 14-2　档案袋封面

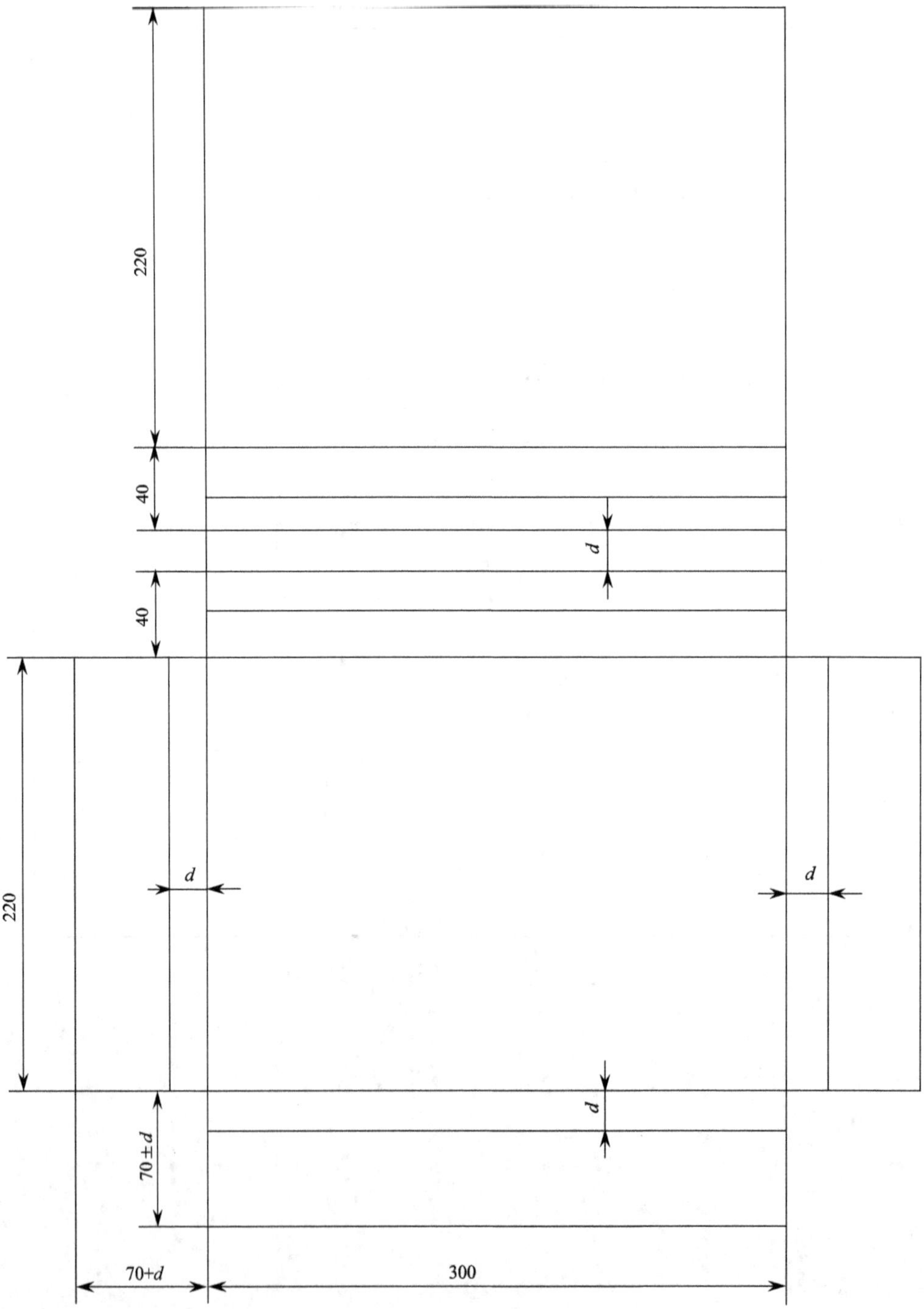

*d*为脊卷厚度；单位：mm

图 14-3　硬卷皮

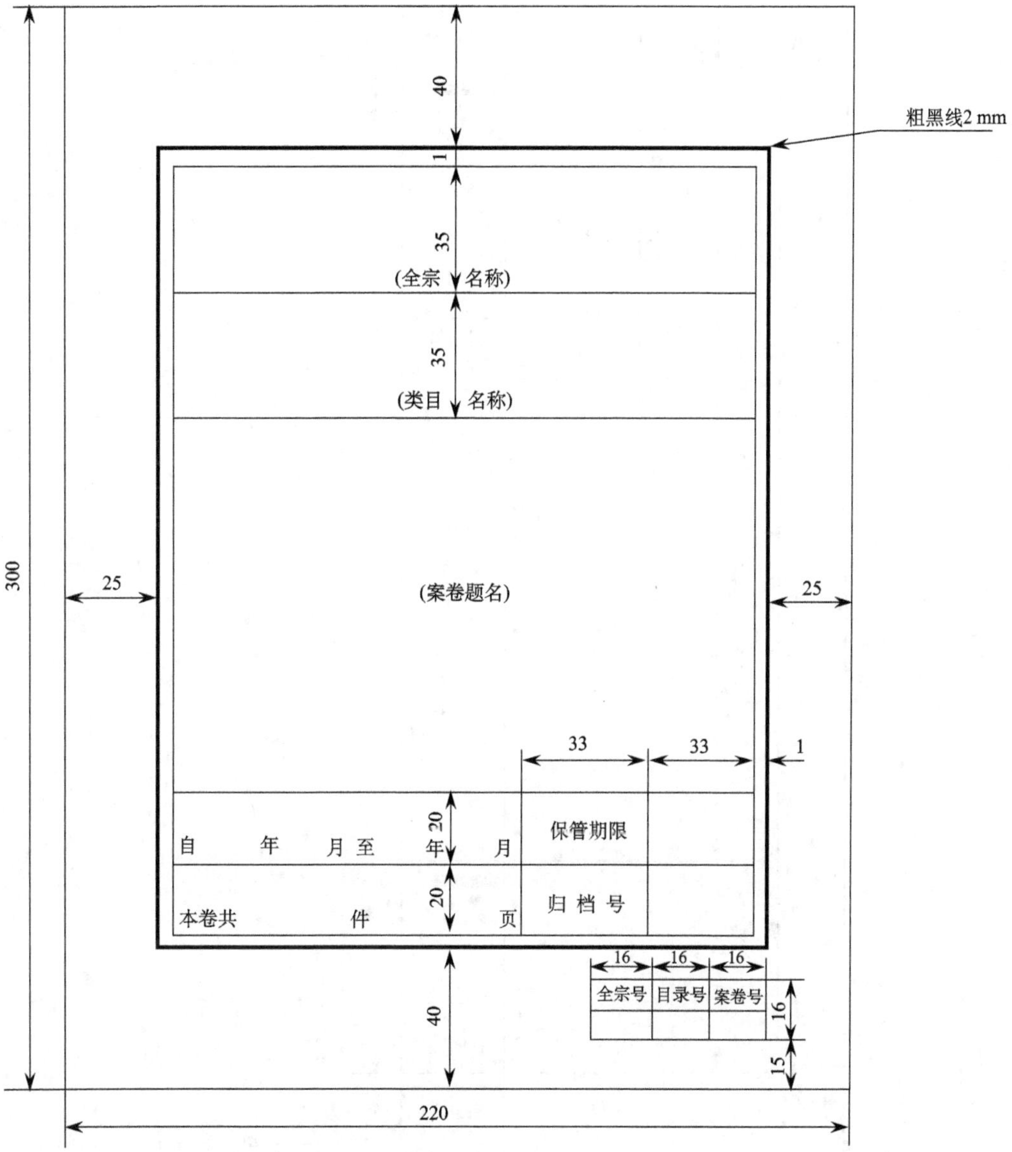

单位：mm

图 14-4　硬卷皮封面

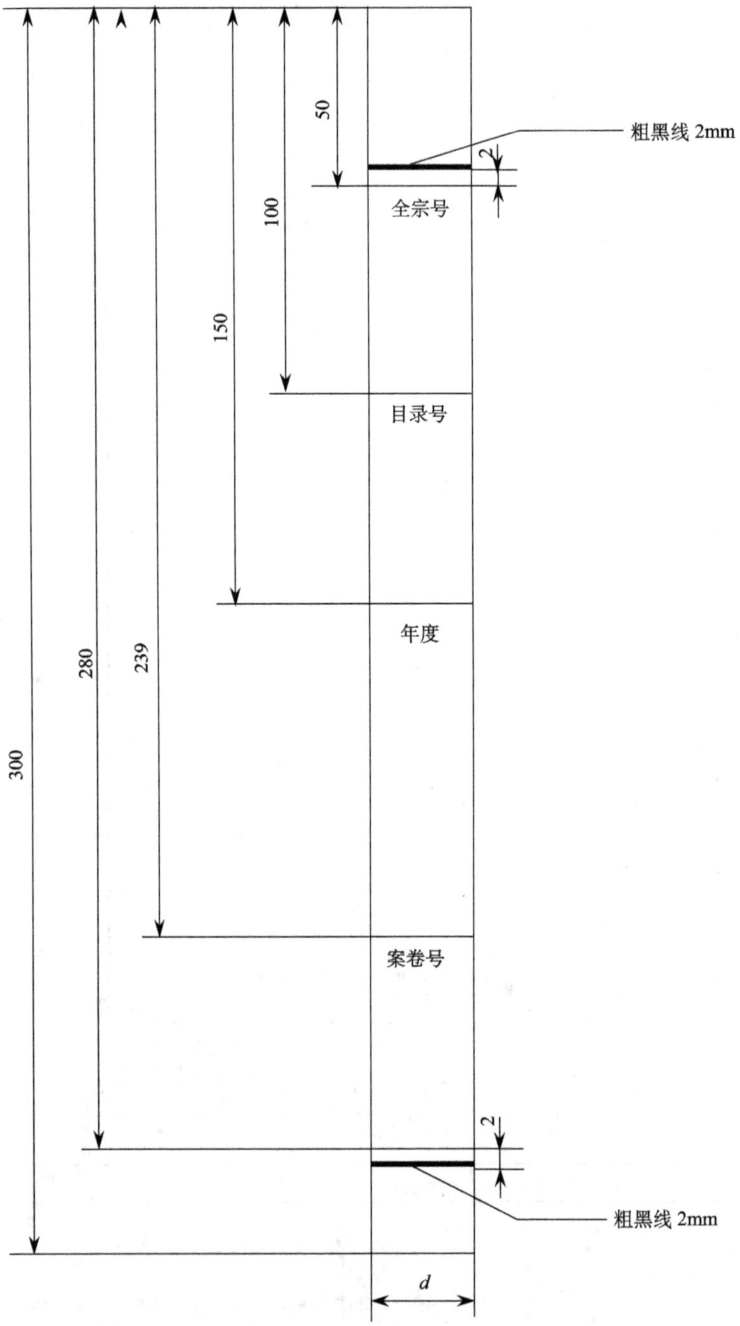

*d*为卷脊厚度；单位：mm

图 14-5　硬卷皮卷脊

①全宗号：档案馆指定给立档单位的编号。

②目录号：全宗内案卷所属目录的编号。

③案卷号：目录内案卷的顺序编号。

5. 卷盒格式

(1)卷盒采用 DA/T 12—2012 中的规定格式，案卷归档，应使用软卷皮装订(案件材料多的可分卷装订)后，装入卷盒内保存。

(2)卷盒外形尺寸采用 310mm×220mm ，其高度可根据需要分别设置 30mm、40mm 或 50mm 规格(图 14-6)。

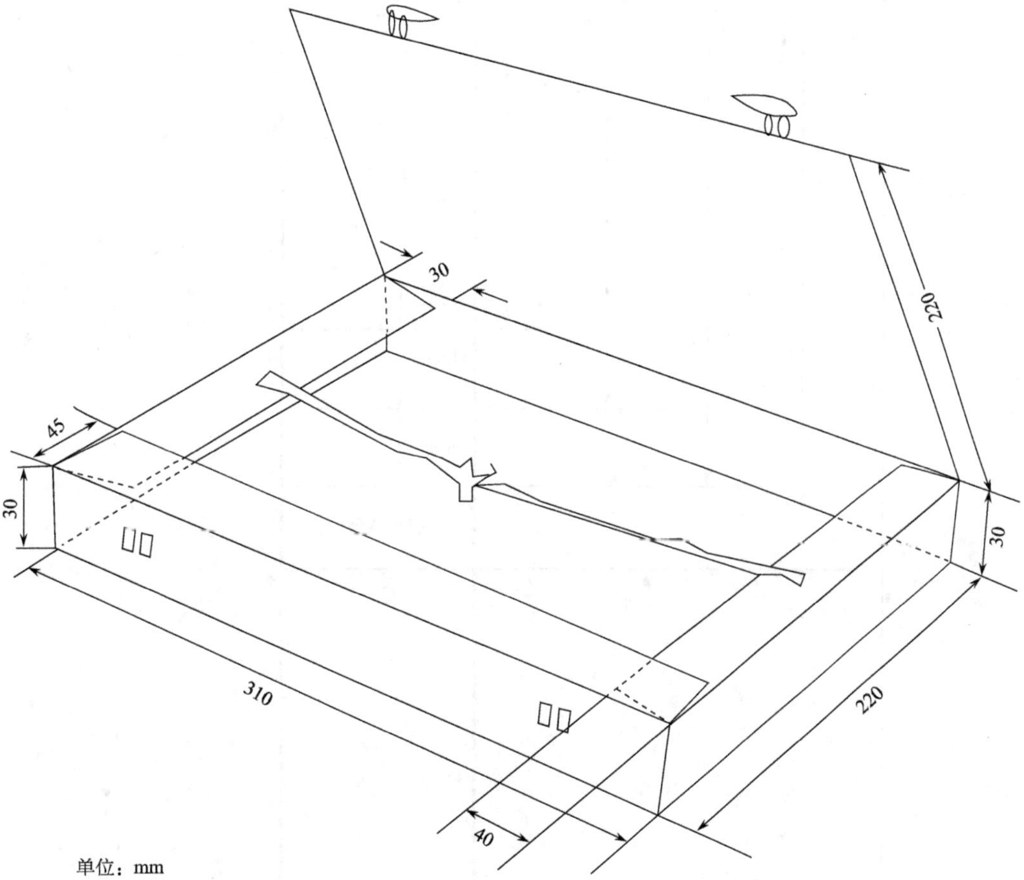

图 14-6　卷盒

(3)卷盒封面为空白面。

卷脊项目包括全宗名称、目录号、年度、起止卷号。各项目具体位置、尺寸见图 14-7。

6. 案卷目录格式

(1)目录用纸幅面尺寸采用国际标准 A4 型纸 297mm×210mm。

(2)目录项目及格式(图 14-8)。

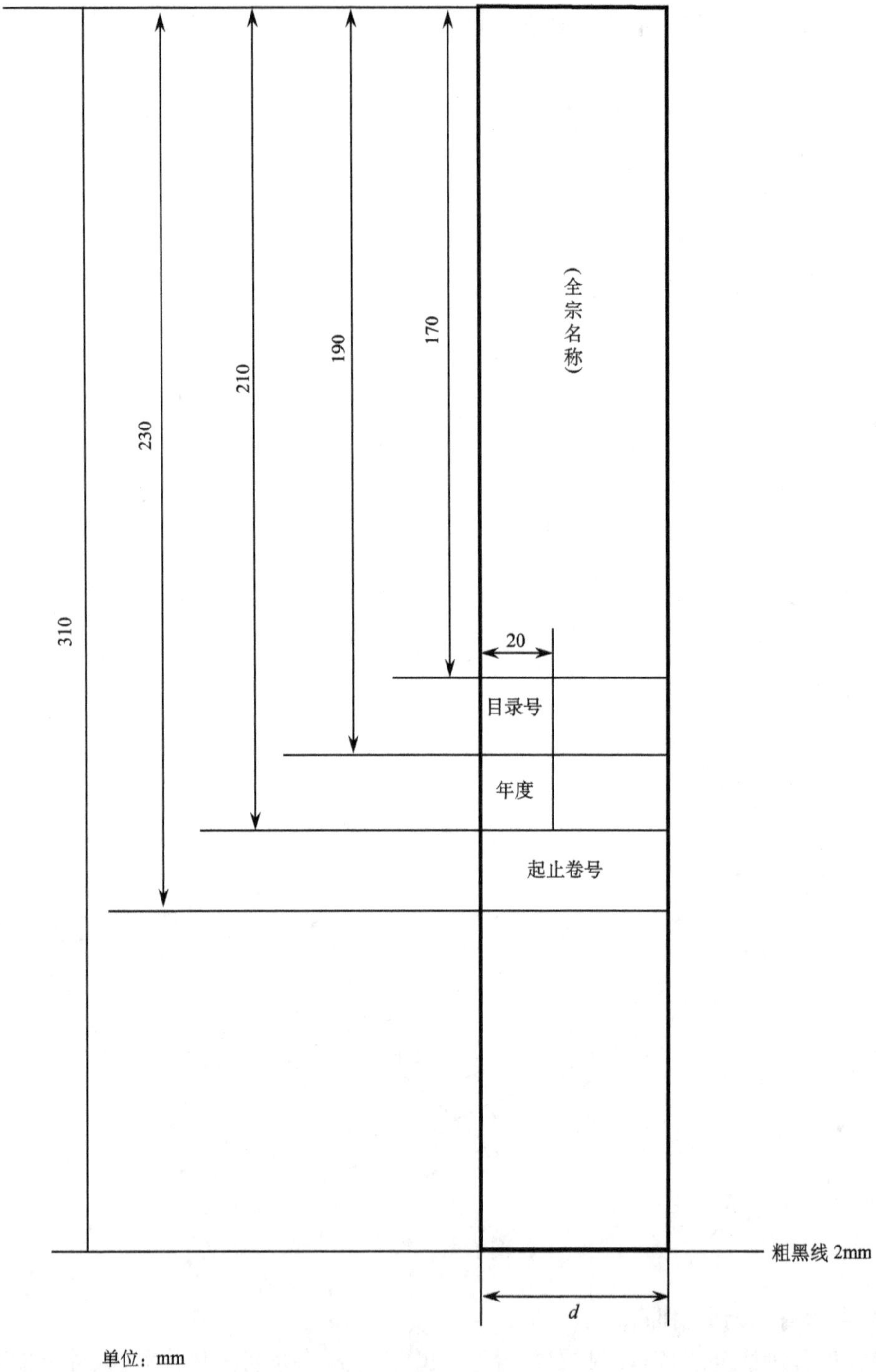

图 14-7　卷盒脊

道路交通事故案卷目录

顺序号	责任者	名　称	日期	页号	备注

注：责任者指文书制作单位或制作人。

图 14-8

（三）道路交通事故案案卷文书的组成

1.适用简易程序处理的道路交通事故的文书

(1)道路交通事故认定书(简易程序)(图 14-9)。

(2)公安交通管理简易程序处罚决定书、公安交通管理行政处罚决定书。

2. 适用一般程序处理的道路交通事故的文书

一般程序的交通事故卷由正卷和副卷构成

正卷内容及装订顺序如下。

(1)受理道路交通事故案件登记表(图 14-10)。

(2)移送案件通知书。

(3)道路交通事故现场勘查笔录(图 14-11)。

(4)道路交通事故现场图。

(5)道路交通事故照片。

(6)扣押物品清单。

(7)公安交通管理行政强制措施凭证。

(8)传唤证。

(9)当事人身份证明、驾驶证、行驶证复印件等其他材料。

(10)道路交通事故视听材料目录(图 14-12)。

(11)询(讯)问笔录(图 14-13～图 14-15)。

(12)谈话记录(图 14-16)。

(13)道路交通事故当事人陈述材料(图 14-17)。

(14)人体损伤程度鉴定书。

(15)道路交通事故受伤人员伤残评定书。

(16)道路交通事故尸体检验报告(图 14-18)、鉴定书。

(17)未知名尸体信息登记表。

(18)死亡证明。

(19)道路交通事故车辆技术检验报告(图 14-19)、鉴定书。

(20)其他检验、评估报告、鉴定书。

(21)道路交通事故认定书(图 14-20)。

(22)道路交通事故证明(图 14-21)。

(23)道路交通事故认定复核受理通知书(图 14-22)。

(24)道路交通事故认定复核不予受理通知书(图 14-23)。

(25)道路交通事故认定复核结论(图 14-24)。

(26)公安行政处罚告知笔录。

(27)听证文书。

(28)公安行政处罚决定书、公安交通管理行政处罚决定书、公安交通管理撤销决定书、公安交通管理转递通知书。

(29)行政复议文书。

（此处印制公安机关交通管理部门名称）

道路交通事故认定书（简易程序）

第　　　号

<table>
<tr><td>事故时间</td><td colspan="4">年　月　日　时　分</td><td>天气</td><td></td></tr>
<tr><td>事故地点</td><td colspan="6"></td></tr>
<tr><td>当事人</td><td></td><td>驾驶证或身份证号码</td><td></td><td>联系电话</td><td colspan="2"></td></tr>
<tr><td>交通方式</td><td></td><td>机动车型号、牌号</td><td></td><td>保险凭证号</td><td colspan="2"></td></tr>
<tr><td>当事人</td><td></td><td>驾驶证或身份证号码</td><td></td><td>联系电话</td><td colspan="2"></td></tr>
<tr><td>交通方式</td><td></td><td>机动车型号、牌号</td><td></td><td>保险凭证号</td><td colspan="2"></td></tr>
<tr><td>当事人</td><td></td><td>驾驶证或身份证号码</td><td></td><td>联系电话</td><td colspan="2"></td></tr>
<tr><td>交通方式</td><td></td><td>机动车型号、牌号</td><td></td><td>保险凭证号</td><td colspan="2"></td></tr>
<tr><td>交通事故事实及责任</td><td colspan="6">当事人＿＿＿＿、＿＿＿＿、＿＿＿＿
（印章）

交通警察＿＿＿＿
年　月　日</td></tr>
<tr><td>损害赔偿调解结果</td><td colspan="6">当事人＿＿＿＿、＿＿＿＿、＿＿＿＿
（印章）

交通警察＿＿＿＿
年　月　日</td></tr>
</table>

有下列情形之一或者调解未达成协议及调解生效后当事人不履行的，当事人可以向人民法院提起民事诉讼：①当事人对交通事故认定有异议的；②当事人拒绝签名的；③当事人不同意由交通警察调解的。

注：此文书存档一份，交付各方当事人各一份。可使用无碳复写纸制作。

图 14-9

受理道路交通事故案件登记表

第　　　　号

<table>
<tr><td colspan="2">案　　由</td><td colspan="5"></td></tr>
<tr><td colspan="2">案件来源</td><td colspan="5"></td></tr>
<tr><td colspan="2">报警时间</td><td colspan="5"></td></tr>
<tr><td colspan="2">报警方式</td><td colspan="5"></td></tr>
<tr><td rowspan="3">报警人</td><td>姓名</td><td></td><td>性别</td><td></td><td>报警(联系)电话</td><td></td></tr>
<tr><td>住址(或单位)</td><td colspan="5"></td></tr>
<tr><td>附　注</td><td colspan="5"></td></tr>
<tr><td colspan="7">报案内容：</td></tr>
<tr><td colspan="2">受案人意见</td><td colspan="5">建议受理</td></tr>
<tr><td colspan="2">领导审批</td><td colspan="5"></td></tr>
</table>

图 14-10

道路交通事故现场勘查笔录

<table>
<tr><td>事故地点</td><td></td><td>天气</td><td></td></tr>
<tr><td>勘查时间</td><td colspan="3">年　月　日　时　分至　年　月　日　时　分</td></tr>
<tr><td>勘查人员姓名</td><td colspan="3"></td></tr>
<tr><td>单　　位</td><td colspan="3"></td></tr>
<tr><td colspan="4">一、道路基本情况
道路走向：　　　　　　　　　　道路行政等级：
影响视线或行驶的障碍物：　□无　　□有：______________________。
道路交通标志：□无　　□有：标志名称及内容：______________________。
道路隔离设施：□无　　□有：名称：______________________。
路面性质：□沥青　□水泥　□砂石
路表情况：□干燥　□潮湿　□积水　□漫水　□冰雪　□泥泞　□其他
照明情况：□白天　　夜间路灯照明：□无　□有
其他需要记录的情况：</td></tr>
<tr><td colspan="4">二、相关部门到达情况
1. 急救、医疗部门：　　　　　　　　　　2. 消防部门：</td></tr>
<tr><td colspan="4">三、初步判断现场人员伤亡
死亡：(　　)人；急救、医疗人员签名确认：
受伤：(　　)人。</td></tr>
<tr><td colspan="4">现场勘查人员签名：　　　　　　　　　　记录人签名：</td></tr>
<tr><td colspan="4">当事人或者见证人签名：</td></tr>
</table>

共　肆　页　　　　　　　　　　　　　　　　第　壹　页

图 14-11

道路交通事故现场勘查笔录（续页）

四、肇事车辆情况

1.现场有肇事车辆（　　）辆。

甲车：A.车辆型号及牌号（　　　　）；B.是否有保险标志（　　　　）；C.车辆挡位（　　　　）；D.转向灯开关位置（　　　　）；E.照明灯开关位置（　　　　）；F.是否扣留车辆及行驶证（　　　　）。

乙车：A.车辆型号及牌号（　　　　）；B.是否有保险标志（　　　　）；C.车辆挡位（　　　　）；D.转向灯开关位置（　　　　）；E.照明灯开关位置（　　　　）；F.是否扣留车辆及行驶证（　　　　）。

丙车：A.车辆型号及牌号（　　　　）；B.是否有保险标志（　　　　）；C.车辆挡位（　　　　）；D.转向灯开关位置（　　　　）；E.照明灯开关位置（　　　　）；F.是否扣留车辆及行驶证（　　　　）。

2.肇事车辆不在现场。

经初步判断：A.车型（　　　）；B.车号（　　　）；C.颜色（　　　）；D.驶离路线或方向（　　　　）；E.无相关信息（　　）。

其他需要记录的情况：

现场勘查人员签名：　　　　　　　　记录人签名：

当事人或者见证人签名：

共　肆　页　　　　　　　　　　　　第　贰　页

图 14-11（续 1）

道路交通事故现场勘查笔录(续页)

<table>
<tr><td colspan="2">

五、当事人及证人情况

1. 肇事驾驶人是否在现场(　　)。若在现场，其姓名和身份证件名称、号码及联系方式如下：

是否已扣押机动车驾驶证：

2. 除肇事驾驶人外，现场共查找到( )名当事人，其姓名和身份证件名称、号码及联系方式如下：

3. 现场共查找到(　)名证人，其姓名和身份证件名称、号码及联系方式如下：

</td></tr>
<tr><td>现场勘查人员签名：</td><td>记录人签名：</td></tr>
<tr><td colspan="2">当事人或者见证人签名：</td></tr>
</table>

共　肆　页　　　　　　第　叁　页

图 14-11(续 2)

道路交通事故现场勘查笔录(续页)

六、涉及危险物品情况 是否涉及危险物品：□否 □是： 初步查明危险物品为：□爆炸物品 □易燃易爆化学物品 □毒害性 □放射性 □腐蚀性 □传染病病原体 □其他危险物品 危险物品名称为：
七、抽血或提取尿样情况：现场共带离(　　)名涉嫌酒后或服用国家管制的精神药品、麻醉药品嫌疑的当事人进行抽血或提取尿样，分别为：
八、痕迹物证提取情况：提取痕迹物证：□否 □是 分别为：
九、照相或摄像情况：现场是否拍照：□是 □否；现场是否摄像：□是 □否。
十、其他需要记录情况
现场勘查人员签名： 记录人签名：
当事人或者见证人签名：

共 肆 页　　　　第 肆 页

图 14-11(续 3)

道路交通事故视听材料目录

序号	内容摘要	录音、录像承办人及制作时间
备注：		

图 14-12

第___次询问

第__页共__页

询问笔录（第　　次）

询问时间_____年__月___日___时___分至____年__月___日___时____分

询问地点____

询问人(签名)________________工作单位___________________________

记录人(签名)________________工作单位___________________________

被询问人 _______________性别_________出生日期_________________

户籍所在地 ____

现住址____

被询问人身份证件种类及号码______________________________

联系电话 ____

（口头传唤的被询问人___月___日____时____分到达，___月___日___时____分离开，本人签名确认：________________________。）

（1. 询问时，人民警察要告知被询问人依法享有的权利和承担的义务。2.首次询问违法嫌疑人时，要询问是否受过刑事处罚、行政拘留或者劳动教养、收容教育、强制戒毒、收容教养等情况，必要时，还应当问明其家庭主要成员、工作单位、文化程度等情况。询问外国违法嫌疑人的，还应当问明其国籍、出入境证件种类及号码、签证种类、入境时间和事由等有关情况，必要时，还应当问明其在华关系人等情况。3. 笔录末尾应当由被询问人写明“以上笔录我已看过，与我说的相符”并签名或者捺指印、注明日期。4. 可加附页，并标明页码。）

问：____

答：____

____

____

____

____

____

被询问人(签名捺指印)：　　　　　　　　　　第　页 共　页

图 14-13

讯问笔录（第　次）

时间____年___月___日____时____分至____年___月____日___时____分

地点____

讯问人________________工作单位________________________________

记录人________________工作单位________________________________

被讯问人 ________________曾用名 ________________性别________

出生日期 ______________身份证号码____________________________

民族________文化程度__________________联系电话______________

户籍所在地（国籍、护照号）____________________________________

现住址 ____

工作单位____

问：我们是________________的民警，现依法对你进行讯问，你应当如实回答，对与本案无关的问题有拒绝回答的权利，你听清楚没有？

答：____

____

____

____

____

____

____

____

____

____

____

被讯问人（签名捺指印）：　　　　　　　　　　第　　页　共　　页

图 14-14

续　　页

签名：　　　　　　　　　　　　　　　　　　第　页　共　页

图 14-15

谈话记录(第　　次)

谈话时间______年__月__日__时__分至______年__月__日__时__分

谈话地点____

谈话人__________________工作单位________________________

记录人__________________工作单位________________________

被谈话人姓名_____________性别_______年龄______国籍_____________

工作单位及联系电话____________________________________

住址____

翻译人员姓名_________________联系电话________________________

工作单位或住址____

谈话记录如下____

签名：　　　　　　　　　　　　　　　　　　　　第　　页　共　　页

图 14-16

于　　年　　月　　日收到

交通警察：

道路交通事故当事人陈述材料

姓名________性别_____民族_______出生日期______________________

身份证号码 ________________籍贯_____文化程度_________________

驾驶证准驾车型 _______领证日期______车辆号牌_________________

驾驶证号 _______________保险凭证号___________________________

户籍所在地(国籍、护照号) ______________________________

现住地 ____

单位及联系方式 ______________________________________

经我自行请求(应交通警察要求)，现将道路交通事故经过陈述如下：

____

____

____

____

____

____

____

____

____

____

____

____

当事人(签名捺指印)：

年　　月　　日

图 14-17

道路交通事故尸体检验报告

<table>
<tr><td>死者姓名</td><td colspan="2"></td><td>性　　别</td><td></td></tr>
<tr><td>年　　龄</td><td colspan="2"></td><td>体　　长</td><td>cm</td></tr>
<tr><td>死亡地点</td><td colspan="2"></td><td>检验地点</td><td></td></tr>
<tr><td>死亡时间</td><td colspan="2">年　月　日　时　分</td><td>检验时间</td><td>年　月　日　时　分</td></tr>
<tr><td>交通方式</td><td colspan="4">1.驾驶机动车 2.驾驶非机动车 3.步行 4.乘车 5.其他</td></tr>
<tr><td colspan="2" rowspan="4">衣着描述
（衣着痕迹）</td><td colspan="3"></td></tr>
<tr><td colspan="3"></td></tr>
<tr><td colspan="3"></td></tr>
<tr><td colspan="3">备注：</td></tr>
<tr><td colspan="2">体表
特征</td><td colspan="3"></td></tr>
<tr><td>头
颈
部</td><td colspan="4"></td></tr>
<tr><td>躯
干
部
（包
括
外
阴）</td><td colspan="4"></td></tr>
</table>

注：道路交通事故尸体检验报告正面。

图 14-18

四肢	
损伤图示：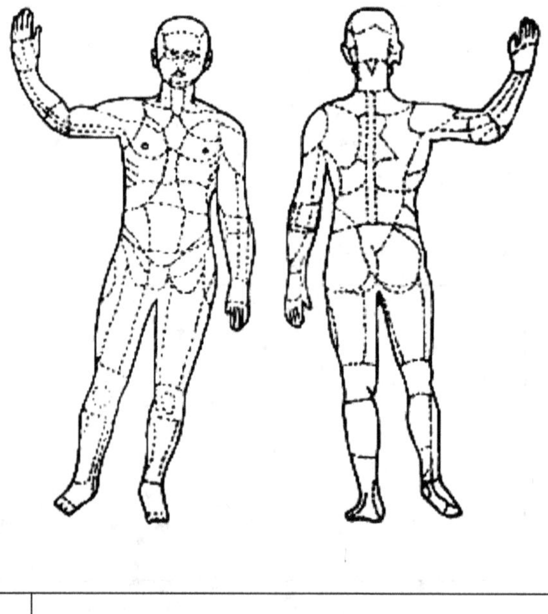	
死　亡 原　因	
检验人员	(印　章) 年　月　日

注：道路交通事故尸体检验报告背面。

图 14-18(续)

道路交通事故车辆技术检验报告

第　　　号

委托单位：

委托检验的车辆型号：　　　　　　　　车号：

委托检验的车辆发动机号：　　　　　　车架号：

委托检验的时间：

委托检验的内容：

检验人姓名：　　　　单位：　　　　　　　　职称：

检验方法及步骤：

检验结果：

分析意见：

结论：

检验人：

（印 章）

年　　月　　日

注：本文书不局限于一页。

图 14-19

（此处印制公安机关交通管理部门名称）

道路交通事故认定书

×公交认字[20××]第×××××××××号

<table>
<tr><td>交通事故时间：　　　　　　　　　　　　天气：
交通事故地点：</td></tr>
<tr><td>当事人、车辆、道路和交通环境等基本情况：</td></tr>
<tr><td>道路交通事故发生经过：</td></tr>
<tr><td>道路交通事故证据及事故形成原因分析：</td></tr>
<tr><td>当事人导致交通事故的过错及责任或者意外原因：

交通警察：
（交通事故处理专用章）
年　　月　　日</td></tr>
</table>

当事人对交通事故认定有异议的，可自本认定书送达之日起三日内，向上一级公安机关交通管理部门提出书面复核申请。复核申请应当载明复核请求及其理由和主要证据。对交通事故损害赔偿的争议，当事人可以请求公安机关交通管理部门调解，也可以直接向人民法院提起民事诉讼。交通事故损害赔偿权利人、义务人一致请求公安机关交通管理部门调解损害赔偿的，应当在收到道路交通事故认定书或者上一级公安机关交通管理部门维持原道路交通事故认定的复核结论之日起十日内向公安机关交通管理部门提出书面调解申请。

图 14-20

（此处印制公安机关交通管理部门名称）

道 路 交 通 事 故 证 明

×公交证字[20××]第×××××××××号

交通事故时间：
交通事故地点：
当事方基本情况：
调查交通事故得到的事实： （交通事故处理专用章） 年　　月　　日

图 14-21

（此处印制公安机关交通管理部门名称）

道路交通事故认定复核受理通知书

×公交受字[20××]第×××××××××号

______________________：

因当事人____

对____

____

道路交通事故一案，提出道路交通事故认定复核申请，根据《道路交通事故处理程序规定》第五十二条规定，决定予以受理。自即日起三十日内对该案作出复核结论。复核审查期间，任何一方当事人就该事故向人民法院提起诉讼并经人民法院受理的，复核终止。

特此通知。

（复核专用章）

年 月 日

注：一式多份，交各方当事人各一份，一份附卷。

图 14-22

（此处印制公安机关交通管理部门名称）

道路交通事故认定复核不予受理通知书

×公交受字[20××]第×××××××××号

______________________：

对你（单位）提出复核申请的____

____

道路交通事故一案，经本机关审查认为：____________________________________

____

____

____

______________。根据《道路交通事故处理程序规定》第五十二条规定，决定不予受理。

特此通知。

（复核专用章）

年　月　日

注：一式两份，一份交申请人，另一份附卷。

图 14-23

（此处印制公安机关交通管理部门名称）

道路交通事故认定复核结论

×公交复字[20××]第×××××××××号

复核申请人基本情况：
申请的基本事实、理由：
经本机关复核认为： （复核专用章） 年　月　日

注：一式多份，交各方当事人各一份，一份附卷。

图 14-24

(30)暂缓执行行政拘留通知书、执行通知书(回执)。

(31)委托书(图 14-25)。

(32)道路交通事故损害赔偿调解申请书(图 14-26)、道路交通事故损害赔偿调解书(图 14-27)、道路交通事故损害赔偿调解终结书(图 14-28)、道路交通事故调解记录(图 14-29)。

(33)道路交通事故尸体处理通知书(图 14-30)。

(34)道路交通事故抢救费支付(垫付)通知书(图 14-31)。

(35)道路交通事故处理通知书(包括不受理、不调解等)(图 14-32)。

(36)送达回执。

(37)其他行政法律文书。

3. 适用一般程序处理道路交通事故中涉嫌交通肇事罪的文书

(1)接受刑事案件登记表、立案决定书、移送案件通知书 (回执)。

(2)传唤通知书(副本)。

(3)拘传证。

(4)取保候审决定书(副本)、取保候审保证书、收取保证金通知书(回执)、对保证人罚款决定书(副本)、退还保证金决定书(副本)、没收保证金决定书(副本、回执)、解除取保候审决定书(副本)、不予取保候审通知书(副本)。

(5)监视居住决定书(副本)、解除监视居住决定书(副本)。

(6)拘留证、拘留通知书(副本)、延长拘留期限通知书(副本)。

(7)提请批准逮捕书、批准逮捕决定书、不批准逮捕决定书、逮捕证、逮捕通知书(副本)。

(8)变更强制措施通知书(副本)。

(9)提请批准延长侦查羁押期限意见书(副本)、批准延长羁押期限决定书、延长侦查羁押期限通知书(副本)、重新计算侦查羁押期限通知书。

(10)释放通知书、释放证明书(副本)。

(11)安排律师会见非涉密案件在押犯罪嫌疑人通知书。

(12)其他刑事法律文书。

(13)案件需要的其他文书同“2”中规定。

(14)讯问笔录(图 14-14 和图 14-15)。

副卷内容及装订顺序如下。

(1)审批表(见《公安行政法律文书》)。

(2)报告书(用于除审批表规定外，按照有关规定应报上级审批的事项，见图 14-33)。

(3)呈请(回避、拘留、提请批准逮捕、变更强制措施、侦查终结、起诉、撤销案件)报告书。

(4)道路交通事故处理工作记录(图 14-34)。

(5)交通事故逃逸案件协查通报、公告或者撤销通知。

(6)与损害赔偿调解有关的材料(如被抚养关系证明、户口证明等)。

(7)道路交通事故遗留物品清单(图 14-35)。

委 托 书

委托人：　　　　年龄：　　　　身份证号：

住址及联系方式：

受委托人姓名：　　　　工作单位：

身份证号：

住址及联系方式：

姓名：　　　　工作单位：

身份证号：

住址及联系方式：

现委托上述受委托人作为我方委托代理人参与

一案处理工作。

代理人：　　　　的代理事项及权限为：

代理人：　　　　的代理事项及权限为：

委托人(签名或盖章)：

受委托人(签名)：

年　　月　　日

图 14-25

道路交通事故损害赔偿调解申请书

________________：

当事人姓名____________性别_________年龄_________

身份证号____________________车辆牌号________________

联系电话____

现住址或单位____

于_____年___月___日___时在__________________________

发生道路交通事故。未向人民法院提起民事诉讼，现请求公安机关交通管理部门对道路交通事故损害赔偿进行调解。请求事项：

____

____

____

____

____

____

____

申请人(签名或捺指印)：

年　　月　　日

图 14-26

道路交通事故损害赔偿调解书

事故时间				
事故地点				
当事人姓名	性别	年龄	住址或单位	交通方式、车牌号
当事人或代理人(签名捺指印)： 交通警察：			(交通事故处理专用章) 年 月 日	

图 14-27

道路交通事故损害赔偿调解书(续页)

经公安机关交通管理部门主持调解达成协议，各方签字生效后任何一方不履行的，当事人可以向人民法院提起民事诉讼。

当事人或代理人(签名捺指印)： 交通警察：	(交通事故处理专用章) 年　月　日

图 14-27(续)

道路交通事故损害赔偿调解终结书

第　　　　号

事故时间____________年_________月__________日，事故地点____________________________________，当事人___与____________________________发生道路交通事故，因____未能达成协议，公安机关交通管理部门于_____年____月____日调解终结。对损害赔偿争议，当事人可以向人民法院提起民事诉讼。

（交通事故处理专用章）

年　　　　月　　　　日

注：《中华人民共和国民法通则》第一百三十五条规定，“向人民法院请求保护民事权利的诉讼时效期间为二年”。

《中华人民共和国民法通则》第一百三十六条第一款规定，“身体受到伤害要求赔偿的民事权利诉讼时效期间为一年”。

图 14-28

道路交通事故调解记录

开始时间 ________ 年_____月____日_______时______分

结束时间 ________ 年_____月____日_______时______分

调解地点____

交通警察____

(1)当事人(或代理人)：姓名_________性别_________年龄_____

身份证号__________________联系方式____________________

现住址或单位____

(2)当事人(或代理人)：姓名_________性别_________年龄_____

身份证号__________________联系方式____________________

现住址或单位____

(3)当事人(或代理人)：姓名_________性别_________年龄_____

身份证号__________________联系方式____________________

现住址或单位____

各方意见及调解结果：

____

____

____

____

____

____

____

注：本文书可续页。

图 14-29

（此处印制公安机关交通管理部门名称）

道路交通事故尸体处理通知书

第　×××××× 号

______________：

______因交通事故死亡，尸体已经检验。根据有关规定，请于______年_____月____日前办理尸体丧葬事宜，无正当理由逾期不办理的，按《道路交通事故处理程序规定》第四十一条的规定处理。

特此通知

（印　章）

年　月　日

图 14-30

（此处印制公安机关交通管理部门名称）

道路交通事故抢救费支付（垫付）通知书

第　　　　号

______××保险公司______：

机动车驾驶人______×××______驾驶______×××______号车（有保险及保险证号：______××××______）在______××××______发生道路交通事故，根据《中华人民共和国道路交通安全法》第七十五条、《中华人民共和国道路交通安全法实施条例》第九十条的规定，请你（单位）在接到本通知后为受伤人员支付（垫付）______强制保险范围内医疗费用______。收据由你单位暂存。

特此通知

（印　章）

年　　月　　日

交通警察：______________

电话或通信地址：______________________________

图 14-31

（此处印制公安机关交通管理部门名称）

道路交通事故处理通知书

第　　　号

__________：

特此通知

（印　章）

年　　月　　日

交通警察：__________________

电话或通信地址：______________________

图 14-32

领导批示	

________报告书

交通警察：

年　　月　　日

注：本文书不局限于一页。

图 14-33

道路交通事故处理工作记录

图 14-34

道路交通事故遗留物品清单

事故时间：						
事故地点：						
编号	物品名称	数量	特征	领取人签名	领取时间	备注

见证人：＿＿＿＿＿＿＿＿＿＿　　交通警察：＿＿＿＿＿＿＿＿＿＿

图 14-35

(8)司法机关调卷公函。
(9)消除道路交通安全隐患通知书(图 14-36)。
(10)当事人血样(尿样)提取登记表(图 14-37)。
(11)认尸启事。
(12)其他与道路交通事故处理有关的文书材料。
(13)道路交通事故案卷材料粘贴纸(图 14-38)。

(四)交通事故案卷文书制作标准

必须严格按照《道路交通事故案卷文书》(GA 40—2008)、《党政机关公文格式》(GB/T 9704—2012)、《文书档案案卷格式》(GB 9705—2008)等标准和法规的规定制作，涉嫌交通肇事罪的案件应当按照《公安机关刑事法律文书式样(2012)》等文件立卷归档。

三、实训内容与要求

(一)实训内容

道路交通事故案卷立卷，包括案卷文书分类、案卷文书排列、案卷文书编目、案卷的装订。

(二)实训要求

1. 案卷的基本要求

(1)使用能够长期保存字迹的钢笔、毛笔等填写，书写工整、清晰，各项内容填写完整、准确。

(2)印制文书、表格及打印文件使用的文字符合国家发布的标准。交通事故认定书、交通事故车辆技术检验报告等叙述式文书宜打印。正式印制时，本标准文书中标明的(印章)、(签名或盖章)、(签名捺指印)以及文书制作应含内容说明不印出。

(3)文书的编号，填写在该文书名称下居中位置。

(4)案卷的统一页号标注在每页文书正面的右上角，背面有内容的，标注在背面的左上角。

2. 案卷文书用纸

(1)案卷文书用纸采用 GB/T 9704—2012 中规定的公文用纸。

(2)案卷文书用纸幅面尺寸采用标准 A4 型纸，其成品幅面尺寸为：297mm×210mm。

(3)案卷文书页边与版心尺寸：文书用纸天头(上白边)为 37mm±1mm；文书用纸订口(左白边)为 28mm±1mm；版心尺寸为 156mm×225mm(不含页码)。

3. 案卷的装订要求

(1)交通事故案卷应用防腐防锈的线材装订。材料中不能有大头针、回形针等。

(2)案卷材料以右页边和下页边为准，叠放整齐；对于大于或小于文书用纸幅面的案卷材料，按 A4 型纸规格折齐或粘贴成相应尺寸的纸张。

(3)对横排 A4 型纸图、表，图、表的上方应在订口一边。

(此处印制公安机关交通管理部门名称)

消除道路交通安全隐患通知书

第　　　　号

________________________：

你单位车辆于________年______月______日和______年_____月_____日，在______________(地区)和______________________________(地区)共发生两起一次死亡三人以上的道路交通事故，负道路交通事故主要责任(全部责任)。根据《中华人民共和国道路交通安全法》第一百〇二条的规定，责令你单位：

未消除安全隐患的机动车，禁止上道路行驶。

特此通知

(印　章)

年　　月　　日

图 14-36

当事人血样(尿样)提取登记表

当事人姓名		性别		年龄	岁
事故时间	年 月 日 时 分		地点		
简要案情					
提取时间	年 月 日 时 分				
提取地点					
医务人员填写	1 号样本盛装容器名称			样本量	mL
	2 号样本盛装容器名称			样本量	mL
	消毒液名称		密封方法		
	医务人员姓名				
当事人或见证人签名			办案人签名		
办案单位					

图 14-37

道路交通事故案卷材料粘贴纸

图 14-38

(4)胶粘文书、软卷皮，黏合剂黏度要适当，粘贴牢固、平整、无空泡、无皱折，无黏合剂溢出。案卷材料装订后粘贴软卷皮，粘贴软卷皮要包紧、包平，浆口≤7mm。

四、实训场地与器材

实训场地：交通事故实验室。

实训器材：办公桌、计算机、彩色打印机、装订机、日常办公用品(胶水、铅笔、格尺等)。

五、实训步骤和方法

(一)实训准备

(1)教师为学生预设适用于不同处理程序的案例。

(2)学员进行分组(4～5 人为一组)，每组需要完成不同道路交通事故案卷整理工作。

(二)立卷方法

(1)适用简易程序处理的交通事故，可根据具体情况定期归为一个案卷。适用一般程序处理的交通事故分别立卷，结案后随时归档。

(2)适用简易程序处理的交通事故案卷包括：道路交通事故认定书、公安交通管理简易程序处罚决定书或者公安交通管理行政处罚决定书。

(3)适用一般程序处理的交通事故档案分正卷和副卷。

(三)卷内文件整理

要求各组针对不同事故进行道路交通事故案卷整理工作。

1. 适用简易程序处理的道路交通事故(碰撞事故)

(1)案情介绍。

2007 年 7 月 1 日 10 时 50 分，晴，在 C 市××购物中心停车场内发生交通事故，当事方纪某(女，28 岁，驾驶证号：××××××××××××××××××)驾驶车牌号×A12345 的白色小型客车自停车场道路由南向北行驶到交叉路口与由东向西行驶的马某(男，38 岁，驾驶证号：××××××××××××××××××)驾驶的车牌号×A11111 的黑色小型客车发生碰撞，事故无人员伤亡，该交叉路口为停车场内交叉路口，无交通警察指挥及交通信号控制、标志标线。

(2)文书整理。

道路交通事故认定书(简易程序)。

2. 适用一般程序处理的道路交通事故(伤人交通事故)

(1)案情介绍。

2017 年 6 月 6 日 21 时 15 分许，A 市 B 辖区赵某(男，40 岁，驾驶证号：××××××××××××××××××)驾驶制动不合格×A12345 号小型轿车沿 K 街 K 胡同由东向西行驶至 Z 胡同左转弯时，遇行人吕某(男，60 岁，身份证号：××××××××

××××××××××)由西向东横过 Z 胡同，车辆前部与行人相撞，致行人吕某倒地受伤，受伤时吕某处在斑马线上，当时路面完好，潮湿，视线较好，经检测驾驶人赵某并未饮酒，病毒试版检验为阴性，后期经医院诊治吕某左脚脚踝受伤骨折。

(2)文书整理。

正卷内容及装订顺序如下。

①受理道路交通事故案件登记表。

②犯罪嫌疑人诉讼权利义务告知书。

③道路交通事故现场勘查笔录。

④道路交通事故现场图。

⑤道路交通事故照片。

⑥公安交通管理行政强制措施凭证。

⑦当事人身份证明、驾驶证、行驶证复印件等其他材料。

⑧询问笔录。

⑨道路交通事故当事人陈述材料。

⑩门诊手册、医院病历。

⑪道路交通事故车辆技术检验报告、鉴定书。

⑫道路交通事故认定书。

⑬公安行政处罚决定书。

⑭道路交通事故处理通知书(包括不受理、不调解等)。

⑮送达回执。

副卷内容及装订顺序如下。

①呈请(变更强制措施)报告书。

②道路交通事故处理工作记录。

③当事人血样(尿样)提取登记表。

④其他与道路交通事故处理有关的文书材料。

⑤ 道路交通事故案卷材料粘贴纸(图 14-38)。

3. 适用一般程序处理的道路交通事故(致死交通事故)

(1)案情介绍。

2017 年 5 月 18 日 11 时 20 分，D 市，曹某(男，38 岁，驾驶证号：×××××××××××××××××)驾驶×A1008D 号车在 N 街的 D 小区内正常行驶，沿小区 45 栋楼前主路北侧行车道由西向东行驶至 38 栋楼东侧道路交汇口时，将骑自行车由北向南行驶的任某(男，54 岁，身份证号：××××××××××××××××××)撞倒，×A1008D 车左前部与自行车右前部接触，致两车损坏，任某当场倒地后经抢救无效当场死亡，事故发生时沥青路面完好，干燥，视线良好。驾驶人曹某证件齐全，无饮酒、吸毒情况。最后通过驾驶人与死亡者家属协商，最终达成谅解协议。

(2)文书整理。

正卷内容及装订顺序如下。

①受理道路交通事故案件登记表(图 14-10)。

②道路交通事故现场勘查笔录(图 14-11)。

③道路交通事故现场图。

④道路交通事故照片。

⑤传唤证。

⑥当事人身份证明、驾驶证、行驶证复印件等其他材料。

⑦询问笔录(图 14-13 和图 14-15)。

⑧道路交通事故当事人陈述材料(图 14-17)。

⑨道路交通事故尸体检验报告(图 14-18)、鉴定书。

⑩死亡证明。

⑪道路交通事故车辆技术检验报告(图 14-19)、鉴定书。

⑫道路交通事故认定书(图 14-20)。

⑬道路交通事故证明(图 14-21)。

⑭公安行政处罚告知笔录。

⑮公安交通管理行政处罚决定书。

⑯道路交通事故损害赔偿调解申请书(图 14-26)、道路交通事故损害赔偿调解书(图 14-27)、道路交通事故损害赔偿调解终结书(图 14-28)、道路交通事故调解记录(图 14-29)。

⑰道路交通事故尸体处理通知书(图 14-30)。

⑱送达回执。

副卷内容及装订顺序如下。

①呈请(变更强制措施)报告书。

②道路交通事故处理工作记录。

③当事人血样(尿样)提取登记表。

④其他与道路交通事故处理有关的文书材料。

⑤道路交通事故案卷材料粘贴纸(图 14-38)。

(四)案卷装订

(1)文件打印(图 14-39)。

(2) 文件打孔，放入卷皮内，装订绳对折由中间孔由后向前穿入(图 14-40)。

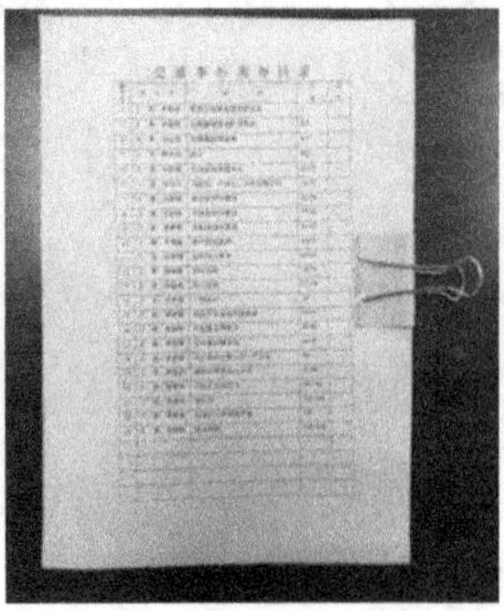

图 14-39

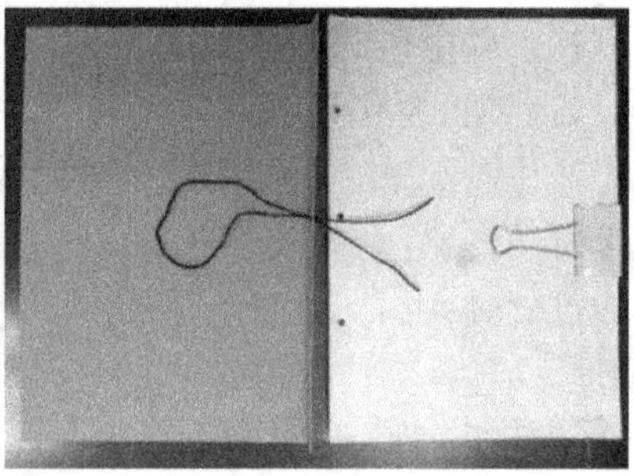

图 14-40

(3)装订绳从中间孔穿入(图 14-41)。

(4)绳头分别穿入其他两孔，由正面穿入背面(图 14-42)。

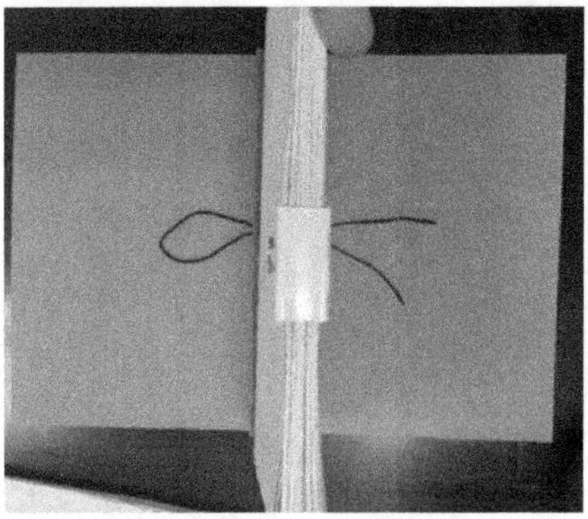

图 14-41

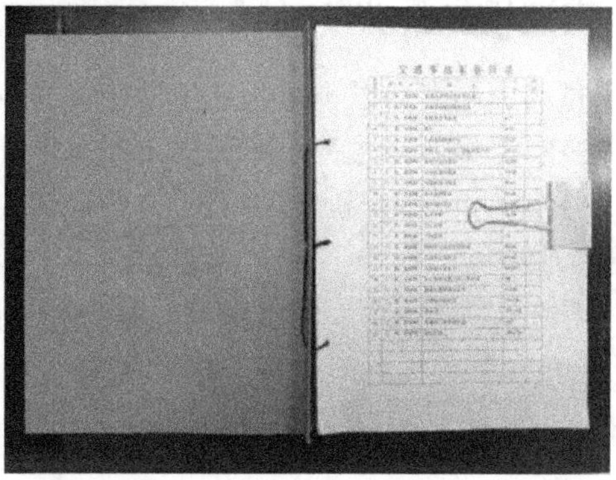

图 14-42

(5)两绳头在背面穿插打结(图 14-43)。

(6)装订绳系紧(图 14-44)。

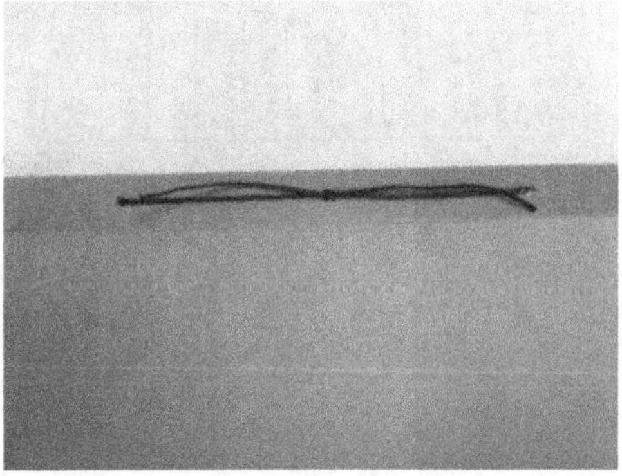

图 14-43

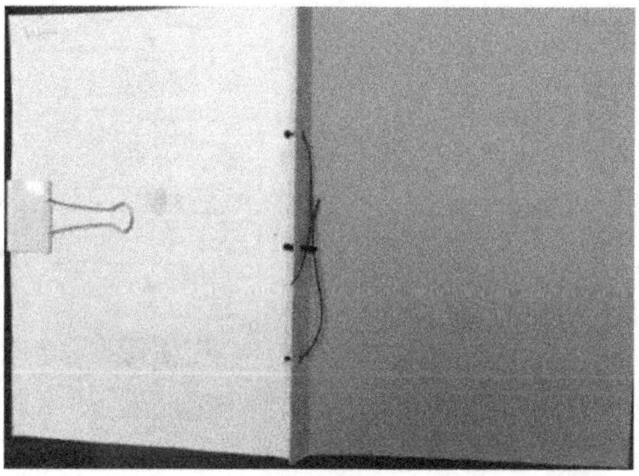

图 14-44

(五)教师点评

1. 评分标准

优：案卷材料齐全、装订规范无折损页、无涂抹勾画痕迹、文字内容表达准确且充实。

良：案卷材料齐全、基本装订规范无折损页、无涂抹勾画痕迹、文字内容表达规范。

及格：案卷材料齐全、没有大量折损页、涂抹勾画现象、文字内容表达规范。

不及格：案卷材料不全、文字内容表达不规范。

2. 教师点评

(1)主讲教师和辅助教师在学生进行现场实训过程中，及时发现、纠正学生存在的问题。

(2) 在实训结束后，每组学生进行总结汇报，其他学生进行补充和纠正打分，最后授课教师对各组实训情况进行点评。

六、实训报告要求

(1) 实训结束后以小组为单位提交实训报告。

(2) 实训报告格式符合本课程实训报告统一要求(见附录)。

(3) 实训报告内容应当规范、完整记录实训过程，认真总结实训过程中遇到的问题，阐述实训体会。

(4) 在实训报告后，附上实训过程中整理的案卷。要求案卷装订规整，所需材料齐全。

参考文献

常林, 2008. 道路交通事故司法鉴定案例研究[M]. 北京: 中国人民公安大学出版社.

杜心全, 李英娟, 2014. 道路交通事故处理[M]. 北京: 中国人民公安大学出版社.

《法学词典》编辑委员会, 1988. 法学词典[M]. 增订版. 上海: 上海辞书出版社.

管满泉, 2009. 道路交通事故损害赔偿[M]. 北京: 中国人民公安大学出版社.

黄松有, 2004. 最高人民法院人身损害赔偿司法解释的理解与适用[M]. 北京: 人民法院出版社.

金治富, 2013. 交通管理综合实训指导书[M]. 北京: 中国人民公安大学出版社.

林宁, 孙可林, 陈艳, 2013. 道路交通事故司法鉴定与认定[M]. 西宁: 青海民族出版社.

林宁, 陶学斌, 耿庆山, 等, 2011. 青海道路交通事故百案析[M]. 西宁: 青海民族出版社.

马忠红, 2010. 刑事侦查学辅导教程[M]. 北京: 中国人民公安大学出版社.

孙展明, 万顺, 2011. 视频图像侦查[M]. 北京: 中国人民公安大学出版社.

杨洪臣, 2012. 视频检验技术规范[M]. 北京: 中国人民公安大学出版社.

附　　录

××××××××学院

实 训 报 告

实训课程名称：________________

实训项目名称：________________

年级、专业、区队：________________

学 生 姓 名：________________

学　　　　号：________________

实验（实训）时间：________________

一、实训目的
二、实验(实训)内容与要求
三、实验(实训)器材

四、实验(实训)步骤

五、实验(实训)数据记录与处理

六、实验(实训)结果

七、分析总结(通过本次实验(实训)，总结实验(实训)心得；分析存在的问题及其原因，提出改进意见或者建议。)

八、教师评语

成绩：　　　　教师签字：

年　月　日